Sommaire

Perspectives d'études

Pratique des textes

Annexes

Annexes

Avant-propos

Le présent volume rassemble les objets d'étude des classes de seconde (*Genres et registres théâtraux : tragédie et comédie*) et des classes de première (*Arts et langages dramatiques*).

Le théâtre a ceci de particulier qu'il permet, alors même que l'on semble étudier un texte dans la perspective de l'écrit de l'épreuve anticipée de français, de préparer à l'oral – et même à l'oralité. Par ailleurs, c'est un genre qui parcourt transversalement des périodes essentielles de l'histoire littéraire, et entretient des rapports étroits avec un autre objet d'étude, *L'Argumentation.*

La première partie, intitulée « Perspectives d'études », se donne pour but de transmettre les savoirs essentiels, les connaissances indispensables à acquérir sur l'objet d'étude en question : *Le Théâtre.* Elle permet d'appréhender le genre théâtral dans son ensemble, depuis l'Antiquité grecque jusqu'aux mises en scène les plus contemporaines.

Cette étude historique est d'ailleurs l'occasion de faire le point sur les deux grands concepts du théâtre antique (et du théâtre classique), la mimésis et la catharsis.

On verra aussi comment, à la confluence de la comédie et de la tragédie, émergent lentement le drame et les genres théâtraux mineurs. Ces naissances successives nous permettent d'analyser les questions des genres et des registres, qui semblent se confondre dans les œuvres antiques, et se distinguent peu à peu dans les traditions ultérieures – *a fortiori* dans le théâtre moderne.

Enfin, une étude précise des parts respectives de l'auteur, du comédien et du metteur en scène est renforcée par une anthologie de textes théoriques – Jacques Copeau, Antonin Artaud, Louis Jouvet.

Il est alors temps d'en venir aux arts de la scène : le chapitre intitulé « Sous les feux de la rampe » analyse aussi bien les espaces théâtraux, les éléments techniques (lumière ou décor) que les problèmes plus théoriques liés au « quatrième mur », à la double énonciation et à la distanciation.

La première partie se clôt ainsi sur une définition précise des genres théâtraux, afin de mesurer l'évolution de chaque genre depuis les premiers essais jusqu'aux ultimes métamorphoses modernes.

L'étude de quatre iconographies directement liées aux arts de la scène est alors proposée, chaque image étant accompagnée de questions.

La seconde partie de ce livre, « Pratique des textes », est un recueil contenant trente-six extraits de textes théâtraux qui ont été sélectionnés pour leur qualité littéraire et leur intérêt pédagogique. De Sophocle à Yasmina Reza, en passant par Sénèque, Shakespeare, Corneille, Racine, Hugo ou Sartre, chacun de ces extraits illustre les notions expliquées dans la première partie.

Ces textes sont accompagnés de questions, de difficulté progressive, classées suivant trois rubriques fixes :

– Lire, pour « s'approprier » le texte, de son décryptage de base à sa compréhension fine ;

– Écrire, pour s'entraîner à l'épreuve écrite, notamment aux exercices d'invention et d'argumentation du nouveau programme du bac français – mais aussi (et c'est bien naturel s'agissant de théâtre) à toute une gamme d'exercices oraux ;

– Chercher, pour approfondir les connaissances apportées tant par le texte (ou son contexte) que par la première partie de l'ouvrage.

Ces textes sont classés dans leur ordre chronologique d'apparition, afin de favoriser la mémorisation de quelques notions d'histoire littéraire ; ils sont d'ailleurs repris dans le tableau chronologique général qui met en perspective, en fin de volume, textes et événements littéraires et culturels. Enfin, un lexique des mots et des notions clés accompagne l'élève et l'aide à appréhender et comprendre l'objet d'étude en question.

Les mots suivis d'un astérique* (*) *sont définis dans le lexique, p. 187 à 191.

PARTIE
1

le théâtre

Perspectives d'études

1 FONCTIONS HISTORIQUES DU THÉÂTRE

À en croire la légende, le poète grec Thespis (VIe siècle av. J.-C.) aurait eu l'idée, dans un dithyrambe* en l'honneur du dieu Dionysos, d'introduire un personnage secondaire qui interpellait le chœur*, jusqu'alors chargé seul de la récitation. Il inventa ainsi le premier dialogue – et, par extension, le théâtre.

Cet aspect religieux du théâtre se maintient jusqu'à l'époque moderne. Il explique son mode de fonctionnement, son rapport à la réalité et à la représentation, les vertus qu'il est chargé de promouvoir – et les vices dont on l'accuse.

1. Culpabilité, représentation et société

Les premières pièces sont représentées à Athènes au cours du VIe siècle av. J.-C. (la première dont la tradition ait conservé la mémoire, sans que son texte soit parvenu jusqu'à nous, date de 534 av. J.-C.) dans le cadre de fêtes religieuses consacrées à Dionysos, les Éléennes (en janvier-février) ou les Dionysies (en mars-avril). La présence de dithyrambes* est encore pour Aristote, plus d'un siècle après, la preuve de l'origine religieuse de la tragédie. La construction des premiers théâtres grecs, en bois et démontables, s'organisait d'ailleurs autour de l'autel rond de Dionysos.

« Tragédie » signifie « chant du bouc », allusion à l'animal sacrifié rituellement, après avoir été promené par toute la ville pour se charger des péchés et des fautes de la cité : le « bouc émissaire », au sens propre du terme, a une valeur cathartique ; il exonère la cité, chaque année, du sentiment de culpabilité qui pourrait découler de ses fautes (ou de ses prétentions au bonheur), tout en satisfaisant les dieux auxquels l'animal est sacrifié.

La tragédie est donc, avant même d'avoir pour l'individu une valeur cathartique, un rachat des fautes collectives.

Elle permet également, en mettant en scène les grands mythes ou les grands événements de la cité, de resserrer sans cesse le tissu culturel entre les citoyens. Les premiers sujets, empruntés pour la plupart au cycle de la guerre de Troie, à une époque où elle est encore entre histoire et légende, témoignent de cette dimension politique, au sens fort du terme. Le fait même qu'à l'origine seuls les hommes libres (ceux qui votaient, dans la démocratie athénienne) étaient autorisés à assister au spectacle (et étaient même parfois payés pour y assister) confirme la valeur formatrice, collectivement, des spectacles. Le théâtre grec conforte les spectateurs dans une culture et des références communes. Il exalte la cité et ses dieux. Il offre aux citoyens une formation permanente, une pédagogie pour adultes.

2. Les trois grands tragiques grecs

Il y eut une foule d'auteurs tragiques grecs. Mais les siècles ne nous ont laissé de traces que de trois d'entre eux, Eschyle, Sophocle et Euripide. Et encore, ce que nous en connaissons est singulièrement fragmentaire. D'Eschyle, nous n'avons conservé que 7 pièces sur 90 ; de Sophocle, 7 aussi, sur plus de 100 ; Euripide est mieux loti, avec 18 pièces sur 92…

Les Perses, d'Eschyle (525-456 av. J.-C.), première pièce grecque conservée, est représentée en 472 av. J.-C., après la victoire de Salamine sur l'envahisseur perse (480 av. J.-C.). Ce que l'auteur y met en scène est donc un événement historique récent, auquel il confère tout son sens : les dieux ont donné la victoire aux armées d'Eurybiade et de Thémistocle ; ils ont ainsi puni la démesure du roi perse Xerxès. Eschyle insiste ainsi sur le caractère inéluctable du destin, la toute-puissance des dieux, dont les décisions sont souvent incompréhensibles aux humains, et le caractère intangible de la loi, qui doit être respectée quelles que soient les souffrances occasionnées.

Sophocle (496-406 av. J.-C.) ajoute des personnages et les individualise en multipliant les péripéties* : l'action, au lieu d'aller en droite ligne comme chez Eschyle, progresse par à-coups et retournements – en un mot, il crée un suspens, une progression dramatique. La loi est au centre de ses pièces : que choisir, justice humaine ou justice divine ? Les héros de Sophocle succombent certes aux dieux, mais leur individualisation, leur refus obstiné de suivre une autre voie que celle qu'ils se sont fixés permet de définir justement l'humain, sans cesse déchiré entre ses aspirations et son destin, entre sa quête du bonheur ou de la justice et la certitude du malheur, dans l'écrasante supériorité de la justice divine – dont les arrêts restent inexplicables SOPHOCLE, P. 54. Sophocle est certainement le plus pur représentant d'un théâtre dont les objectifs, formulés plus tard par Aristote, sont la terreur* et la pitié*.

Euripide (480-406 av. J.-C.) a été le plus sollicité des auteurs grecs parce que son théâtre offre une dimension psychologique ignorée jusqu'à lui. Ses personnages sont soumis aux passions (avec Euripide, l'amour fait une entrée en force au théâtre) et leur malheur vient de leurs impulsions irréfléchies bien plus que de dieux lointains dont l'existence n'est même plus très sûre. C'est l'intrigue qui décide du sort des héros bien plus qu'un destin extérieur à la pièce. Euripide invente le « coup de théâtre » – intervention particulièrement pathétique, destinée à arracher des cris de stupéfaction ou des larmes aux spectateurs. L'identification passe des personnages aux spectateurs, pris individuellement et non plus collectivement.

Ainsi, en un siècle, le théâtre grec part d'une situation hiératique, figée, célébrant la toute-puissance des dieux, et évolue vers un univers de doutes, un monde ambigu, champ clos des ambitions, des passions et des intérêts.

Il est à remarquer que les trois tragiques grecs deviennent très vite des classiques : ce sont essentiellement leurs pièces que l'on joue et rejoue dans les théâtres de pierre construits à partir du IVe siècle av. J.-C., à Épidaure et ailleurs. Échelonnés sur une période très courte d'environ 80 ans, ils symbolisent un court moment de paix et d'harmonie « républicaine », dans l'histoire tourmentée de la « démocratie » athénienne – ce que nous appelons aujourd'hui, par un léger abus de sens, « le siècle de Périclès », du nom de l'homme politique (495-429 av. J.-C.) qui réforma en profondeur la cité. La tragédie renvoie ainsi l'image d'un âge d'or, où les conflits se réglaient au théâtre et non sur l'échafaud ou les champs de bataille. La guerre du Péloponnèse mettra fin à la domination athénienne. Les trois grands dramaturges seront investis, plus tard, d'une nostalgie qui n'était pas de leur fait.

3. À propos de la catharsis

D'après les théoriciens antiques et modernes, l'effet provoqué par la représentation théâtrale est la catharsis*, dont le fonctionnement est fondé sur l'identification (la mimésis*), le transfert et finalement la purge (sens premier de catharsis*, dont le sens dérivé est métaphorique).

– Identification : l'acteur s'identifie à un rôle, le spectateur s'identifie à l'acteur. Il devient donc le personnage.

– Transfert : cette identification s'accomplit symboliquement en transférant ses propres passions sur les passions du personnage. On identifie ses pulsions aux passions qui se déchaînent sur la scène.

– Purge : la catastrophe*, dans les tragédies, qui punit le héros, ou le rire, dans les comédies, qui le dégonfle, permettent au spectateur de se débarrasser à bon compte de ses pulsions mauvaises, puisqu'elles ont été châtiées sur scène. Par ailleurs, les sentiments positifs de terreur* et de pitié* que le spectacle a su générer en lui remplacent les sentiments négatifs dont il pouvait être agité. Les troubles que suscite la pièce produisent l'effacement de ces troubles chez le spectateur. Celui-ci sort du théâtre en paix avec sa conscience. Il n'est plus (pour un temps) agité de pulsions mauvaises et/ou inavouables. Le théâtre a accompli la fonction purificatrice que lui ont assignée les Anciens.

À partir du XVIIe siècle, on verra dans la catharsis* la justification de la moralité du théâtre, au moment où l'Église attaquera violemment ce divertissement.

4. Hubris et catastrophe

L'hubris* est le sentiment de démesure qui envahit le héros de tragédie, offense les dieux et les incite à le punir. Démesure dans la colère, dans le ressentiment ou dans la prétention au bonheur. Ainsi, Œdipe n'est pas prioritairement puni pour avoir tué son père et épousé sa mère, mais parce que, dix ans après, il se déclare heureux ▶ SOPHOCLE, P. 54. Phèdre, mal mariée à un homme trop absent, pense arriver au bonheur par son beau-fils : les dieux y mettront bon ordre ▶ RACINE, P. 80. À noter que, dès l'origine, le libre arbitre des héros s'efface devant la toute-puissance du sort que lui ont fixé les dieux : Phèdre est en fait le jouet d'une vengeance lointaine d'Aphrodite, pour une faute commise par son grand-père…

Le poète met donc en scène une fatalité à laquelle le héros voudrait échapper : la tragédie est la représentation de ses efforts malheureux pour y parvenir, et de la catastrophe* qui le frappe et le précipite dans le châtiment.

5. Formalisation des règles : la *Poétique* d'Aristote

Aristote (384-322 av. J.-C.) écrit son traité vers 344, près de cent ans après l'âge d'or du théâtre grec. Le philosophe y énonce les règles à suivre pour composer une bonne tragédie, en analysant les exemples antérieurs fameux – en particulier l'*Œdipe* de Sophocle ▶ SOPHOCLE, P. 54.

Au centre de ce traité, la notion de mimésis* : l'art imite la nature, mais en la transposant. L'action représentée sur scène doit donc, par un art rigoureux et des règles fixes, fonctionner comme une métaphore* : à partir d'un cas précis, elle doit faire comprendre au spectateur une généralité, une loi morale dépassant l'anecdote. Le texte tragique est mimésis* en ce qu'il représente la nature tout en affichant les règles de la représentation (les codes théâtraux), ce qui génère à la fois émotion et distance critique.

Quelles sont ces règles ?

– Choisir un argument à portée universelle ;

– Développer cet argument sans s'égarer dans des épisodes* secondaires ;

– S'appuyer sur une action unique, racontée en une histoire compréhensible ;

– Choisir soigneusement la péripétie* (élément dramatique qui permet au héros de comprendre sa faute et son destin, la péripétie* est assimilée à la reconnaissance) ;

– S'assurer du caractère nécessaire et vraisemblable de son histoire, ce qui exclut le merveilleux ;

– Animer le spectateur par la terreur* (il tremble pour lui-même, par identification) et la pitié* (il tremble pour le héros), sentiments provoqués par l'agencement des faits et des revers de fortune.

À ces éléments essentiels s'ajoutent des recommandations secondaires : unité de temps (une journée) et unité de lieu sont souhaitées, mais non imposées. La catharsis*, en revanche, est la justification morale du théâtre.

D'Aristote aussi vient la séparation entre caractères nobles et bas* – vertu et vice – qui régentera plus tard le théâtre classique français, et se répercutera sur le vocabulaire, proscrivant, en tragédie, l'usage des mots « bas* », en particulier ceux évoquant des fonctions non intellectuelles.

Selon une tradition, dont Umberto Eco a tiré un roman remarquable (*Le Nom de la rose*, 1980 ; adaptation cinématographique par Jean-Jacques Annaud, 1986), il manque à la *Poétique* une seconde partie consacrée à la comédie. Nous ignorons en fait si Aristote l'a écrite, ou même projetée, tant les ressorts de la comédie sont plus complexes que ceux de la tragédie.

6. Aristophane et la tradition comique

Les tragédies, représentées dans l'Athènes classique deux fois par an, étaient organisées en cycles de trois pièces (une trilogie), qui développaient une même histoire dans tous ses éléments. Une quatrième pièce, satirique, était la parodie comique du thème central des tragédies qui l'avaient précédée.

Comme ses rivaux tragiques, ce qui nous reste d'Aristophane (450-386 av. J.-C.) – 11 pièces sur 44 – ne permet qu'un éclairage incomplet. Il est par ailleurs le seul des comiques grecs dont nous ayons conservé des œuvres complètes.

Il représente donc à lui seul la « comédie ancienne » par opposition à la « comédie nouvelle » dont le principal auteur sera Ménandre (342-292 av. J.-C.) – quoiqu'il ne nous reste qu'une seule pièce complète de ce dernier, *Le Misanthrope*, sur 105 qu'il avait composées.

Écrites au cours de la guerre du Péloponnèse, durant laquelle le poète prit le parti anti-athénien, les comédies d'Aristophane sont violemment satiriques et s'attaquent aux corps constitués et à la politique : la justice (*Les Guêpes*), les institutions (*Les Babyloniens*), le militarisme athénien (*Les Acharniens*), etc.

Dans *Les Cavaliers* (424), Aristophane voue la comédie à la même tâche que la tragédie : l'éducation morale et politique des citoyens.

Le schéma des pièces d'Aristophane est immuable : un héros (ou plusieurs), en conflit avec son milieu, tiraillé d'un désir insatisfait, combat les forces hostiles qui s'opposent, tout au cours de la pièce, à son bonheur – qu'il atteindra enfin. Mais sur ce canevas, le poète greffe des références à la situation politique, des attaques sévères contre ses rivaux ou ses confrères (particulièrement Euripide), des parodies de morceaux empruntés à autrui, des jugements sanglants sur ses détracteurs. Ainsi, du dictateur Cléon, qui l'avait traîné en justice pour « défaitisme », il fait dire à l'un de ses personnages qu'il aimerait « en tailler la peau pour faire des semelles aux cavaliers ».

Aristophane persévère : il accable de sarcasmes ses adversaires politiques, multiplie les allusions cinglantes à l'actualité, n'hésite pas à polémiquer en caricaturant ses détracteurs. Pour faire rire, il utilise tous les moyens : satire, quiproquos, plaisanteries obscènes ou scatologiques. On se rappellera que la farce, au Moyen Âge, usera, comme son nom de préparation culinaire l'implique, de tous les éléments à sa disposition pour déclencher le rire.

La mise en scène participait de ces effets « hénaurmes » (ainsi orthographie-t-on « énorme » lorsqu'on veut désigner le caractère particulièrement truculent ou farcesque d'une scène ou d'une situation comiques JARRY, P. 106). Les acteurs tragiques portaient un masque (qui servait d'amplificateur, pour que 2 000 à 3 000 spectateurs ne perdent rien du texte), une tunique longue qui masquait leurs cothurnes (chaussures dotées de semelles impressionnantes), le tout visant à leur conférer une stature exceptionnelle de dieux ou de héros. Les acteurs comiques portaient un masque grotesque, tiraillé de grimaces, et une tunique courte qui dégageait, sous la ceinture, un « phallos » monstrueux, sculpté en érection (ithyphalle). Dans *Lysistrata* (411), l'héroïne, égérie de toutes les femmes, persuade ses compagnes de faire la grève de l'amour tant que durera la guerre : les hommes, au fur et à mesure de la pièce, sont donc dotés de membres de plus en plus démesurément ithyphalliques.

7. La tradition latine

Les Latins, les premiers, font du théâtre un pur spectacle – un événement. Nous n'avons pour ainsi dire pas conservé de textes théâtraux de l'époque républicaine (jusqu'au Ier siècle av. J.-C.), parce qu'ils n'étaient écrits que pour être représentés : c'étaient probablement des canevas, schémas de pièces laissant libre cours à l'improvisation, entremêlés de musique, de chants, de danses. Un spectacle total, dont la seule finalité est le plaisir du peuple. Si les Grecs n'ont que deux cycles théâtraux par an, les Romains y vont plus de 100 jours par an – sans compter les représentations privées.

Le théâtre romain est, comme le théâtre grec, bâti en demi-cercle, mais on commence à se préoccuper de mise en scène : des ornements sont suspendus à la *scaena* (mur de scène sur lequel se répercutent les phrases), des toiles peintes forment un décor mobile, et les Latins inventent le rideau – matérialisation du « quatrième mur » (voir p. 40). Les théâtres en dur construits à partir du Ier siècle av. J.-C. peuvent contenir jusqu'à 20 000 personnes : la performance des acteurs n'en est que plus époustouflante.

La plus grande différence entre théâtre grec et théâtre romain tient à leur place respective dans la cité : si le théâtre grec a une fonction politique, et ses acteurs un rôle social, l'acteur romain est frappé d'infamie, symbole du caractère dégradant de sa profession. Les légistes chrétiens adapteront cet ostracisme en excommuniant les acteurs et en refusant de les enterrer dans un lieu consacré : Molière n'échappa à la fosse commune que parce qu'il jouissait d'une haute protection royale, mais il fut tout de même enseveli de nuit.

Comme les Grecs, les auteurs latins empruntent leurs sujets à la guerre de Troie (d'après la légende, les Romains sont les enfants d'un descendant d'Énée, prince troyen) et à la mythologie.

Sous l'Empire, à partir du Ier siècle, le théâtre se complexifie. Le spectacle se fait de plus en plus total, les tragédies abordent des sujets hautement philosophiques, mais peuvent aussi représenter sur scène de vrais meurtres, perpétrés sur des esclaves. L'art théâtral se scinde d'ailleurs en deux, art de la scène d'un côté, pour les moins exigeants des spectateurs, pratique de la *recitatio* (lecture publique) d'autre part, pour ceux qui s'intéressent prioritairement au texte et non au spectacle.

Des tragédies de Sénèque, les plus élaborées de l'Antiquité, on ignore si elles étaient faites pour être représentées ou simplement lues et analysées en public. Elles entérinent en tout cas l'une des grandes innovations latines, la division en cinq actes (au départ, l'acte est la partie d'une pièce où se déroule l'action, par opposition aux intermèdes chantés et dansés : certaines comédies de Molière, comme *Le Malade imaginaire*, se rappellent cette distinction). Par ailleurs, tout en développant les positions philosophiques de Sénèque, elles mettent en scène des spectacles de cruauté et de folie qui sont apparus comme des critiques camouflées du régime autoritaire instauré par les empereurs, en particulier Caligula, Claude (manipulé par son épouse Agrippine) et Néron.

Ainsi, on retrouve, sous le masque, la fonction politique ancestrale du théâtre. Une tradition naît avec Sénèque, qui sera largement exploitée par le théâtre occidental : user de la fable qui fonde la pièce comme d'une métaphore des mœurs de son temps. Voltaire sera emprisonné pour avoir commis *Œdipe* (1718) et offensé le Régent, qui a su se reconnaître sous le héros grec ▶ VOLTAIRE, P. 83.

La comédie latine « psychologise » ce que la comédie grecque politisait : Plaute (254-184 av. J.-C.) ou Térence (190-159 av. J.-C.) étudient des caractères. *La Marmite*, de Plaute, décrit un avare, dont Molière se souviendra. *Héautontimoroumenos* de Térence met en scène deux couples rivaux vieillards/enfants – structure qui sera le ressort de nombre de pièces de Molière (*Les Fourberies de Scapin* ▶ MOLIÈRE, P. 76) ou de l'Italien Goldoni.

8. Horace et l'*Art poétique*

Vers 16 av. J.-C., le poète latin Horace (65-8 av. J.-C.) rédige son *Épître aux Pisons*, que la tradition titrera *Art poétique*. Il y reprend les contraintes aristotéliciennes, en les adaptant au théâtre-événement à la romaine. Il ajoute deux concepts qui deviendront des règles absolues :

– le *decorum*, qui suppose que le personnage s'exprime conformément à ce qu'il est. Un dieu ne peut parler que comme un dieu. Les Classiques français l'adapteront sous l'appellation de « respect des bienséances* » ;

– l'*utile dulci*, ou art de joindre « l'utile à l'agréable ». Le spectacle théâtral ne peut être un pur divertissement. Il doit toujours avoir une intention morale.

Ce dernier point sera fort disputé par les théologiens chrétiens. Saint Augustin (354-430), l'un des « pères de l'Église », explique ainsi dans ses *Confessions* que le théâtre est intrinsèquement mauvais, parce qu'il reste divertissement, c'est-à-dire un moyen de se détourner de Dieu et de son salut.

2 PETITE HISTOIRE DU THÉÂTRE EUROPÉEN

1. Vers la condamnation du théâtre

Vers le Xe siècle, on met en scène des monologues à thème religieux – la frontière entre récitation et théâtre est encore floue. Puis des voix secondaires se greffent sur le récit principal par un système de répons, sur le modèle de l'alternance acteur/chœur* de la tragédie grecque primitive. Petit à petit, de nombreux personnages secondaires animent ces récitations et « jouent » leur texte. Le Moyen Âge privilégie les spectacles à thème religieux (les passions, les miracles ou les mystères – les plus célèbres datent du XVe siècle), joués d'abord par des religieux, puis, à partir du XIIe siècle, lorsque le français remplace le latin dans ces représentations, par des confréries (organisations pieuses liées aux corporations) sur le parvis des cathédrales ou les places publiques. Ce sont des spectacles considérables, qui mobilisent parfois des dizaines d'acteurs improvisés : *Le Mystère de la Passion*, d'Arnoul Gréban (v. 1420-1471), se déroule sur quatre journées et totalise quelque 35 000 vers.

Le Moyen Âge ne méconnaît cependant pas les pièces profanes : ainsi les jeux, pièces comiques (*Le Jeu de la Feuillée*, *Le Jeu de Robin et de Marion*, tous deux d'Adam de la Halle, au XIIIe siècle), les farces (ainsi *La Farce de Maître Pathelin*, écrite par un auteur anonyme vers 1464) ou les sotties (ou soties), satires nées dans le cercle des étudiants en Droit – dit de la Basoche – à partir du XVe siècle. Le Moyen Âge privilégie des formes caricaturales, où le peuple peut, à travers des métaphores* limpides, se moquer du pouvoir. La valeur corrosive de ce théâtre lui vaut de passer de mode avec les débuts de la royauté absolue et les conflits des guerres de religion, au XVIe siècle.

Les pièces religieuses resteront cependant très présentes en Espagne, avec les *autos sacramentales*, véritables mises en scène du catéchisme – qui ne seront interdits qu'au milieu du XVIIIe siècle, parce que l'intermède qui se jouait pendant l'entracte de ces pièces parfois fort longues prenait des accents critiques et irrévérencieux.

Ces spectacles ne sont, pour l'essentiel, joués que par des hommes. De même, le théâtre élisabéthain ignorera les actrices (voir la fiction de *Shakespeare in love*, film de John Madden, 1998).

2. Redécouverte d'Aristote : le théâtre de la Renaissance

On n'avait jamais oublié Horace, mais Aristote avait sombré dans la séparation du monde romain en deux entités distinctes, empire d'Occident, avec Rome pour capitale, et empire d'Orient, avec Constantinople. Il faut attendre 1453 et la chute de Constantinople devant les Turcs pour que les Byzantins en fuite apportent dans leurs bagages les grands textes oubliés de l'Antiquité.

Une large polémique s'ouvre alors, d'abord sur les places respectives de la morale et du divertissement (fondé sur la rhétorique), puis sur les notions inédites de mimésis* et de catharsis*. Les Italiens, les premiers, réinventent la tragédie et ajoutent, à la terreur* et à la pitié*, l'horreur et la *meraviglia* (la merveille étonnante, le ravissement). L'un de leurs théoriciens, Scaliger (1484-1558), s'installe en France et diffuse largement les thèses du philosophe grec Aristote (*Poétique*, 1561).

Un théâtre profane se fraie lentement un chemin. *La Célestine*, attribuée vers 1499 à l'Espagnol Fernando de Rojas, conte des aventures tragico-sentimentales – en 21 actes. En Italie, Machiavel, entre deux essais philosophiques, écrit *La Mandragore* (1520), modèle de bien des comédies ultérieures. En France, Robert Garnier (1545-1590), avec *Hippolyte* (1573) puis *Les Juives* (1583), inaugure une tragédie presque régulière – où les unités de lieu, de temps et d'action commencent à enserrer la représentation dans leur carcan classique.

C'est d'Italie encore que viendra l'une des innovations les plus enrichissantes du théâtre, avec la *Commedia dell'arte* (littéralement : comédie du métier, parce que seuls des comédiens professionnels l'interprétaient), spectacles de tréteaux où, sur un canevas assez lâche, des types reconnaissables à leurs masques (Pantalon, Arlequin, Colombine ou Brighella) interprètent des comédies pleines de verve. Leur succès est européen, et longtemps après, des auteurs réputés, comme Marivaux ou Goldoni, donneront des sujets aux comédiens italiens.

3. Le théâtre élisabéthain

La reine Élisabeth dirige, de 1558 à 1603, une Angleterre qui n'est déjà plus catholique mais pas encore puritaine. Thomas Kyd (1558-1594), avec *La Tragédie espagnole,* et surtout Christopher Marlowe (1564-1593), avec *La Tragique Histoire du docteur Faust* (1588), donnent à la tragédie et au drame leurs premières œuvres remarquables – même si leur talent est éclipsé par celui de Shakespeare (1564-1616), dont la fécondité géniale nourrit aussi bien le théâtre historique (les romantiques le redécouvriront et sauront s'en souvenir), avec *Richard III* (1592), que le drame le plus poignant (*Roméo et Juliette*, 1594-1595 ▶ SHAKESPEARE, P. 63), la tragédie (*Hamlet*, 1600) ou la comédie (*Les Joyeuses Commères de Windsor*, 1599).

La caractéristique majeure de ce théâtre – et les Classiques français ne se feront pas faute de le lui reprocher –, c'est l'extrême variété de tons : le drame côtoie la farce dans la même pièce, les mots utilisés sont ceux de la rue, l'action est multiple, parfois désordonnée, et peut se dérouler sur plusieurs années. Comédien lui-même, Shakespeare écrit – comme plus tard Molière – des pièces où les comédiens ont l'occasion de briller, plus que de se mettre au service d'un texte.

Au théâtre élisabéthain succèdera le théâtre jacobéen (du nom du roi Jacques Ier), avec John Ford (*Dommage qu'elle soit une putain*, 1626), avant que le puritanisme religieux n'interdise les représentations, à partir de 1648.

Shakespeare ne sera connu que tardivement en France, et souvent à travers des traductions volontairement déformées : ainsi Ducis, au XVIIIe siècle, pour s'accorder aux « bienséances* », supprime-t-il « crâne » et « fossoyeurs » dans *Hamlet*, « balcon » et « tombeau » dans *Roméo et Juliette*. Ce n'est qu'à partir des années 1825 que le vrai Shakespeare arrive sur les scènes françaises – avec la troupe anglaise de l'acteur Kean. Et c'est grâce à Antoine (1858-1943), qui fonde sa troupe au début du XXe siècle, qu'il est représenté intégralement par des comédiens français.

4. Fastes baroques

L'Espagne rentre sur la scène littéraire avec Lope de Vega (1562-1635) et plus de 1500 pièces, Calderón de la Barca (1600-

1681 : *La vie est un songe* date de 1634 ▶ CALDERÓN, P. 65), ou Tirso de Molina (1583-1648), dont *Le Trompeur de Séville* inspirera le *Dom Juan* de Molière. En France, Théophile de Viau (1590-1626) se fait remarquer avec *Pyrame et Thisbé* (1621), et Rotrou (1609-1650) avec *Antigone* (1637) ou *Le Véritable Saint Genest* (1646).

Comme pour le théâtre élisabéthain, ce sont là des pièces souvent brillantes, où prédominent les artifices de langage, les situations complexes, les sentiments (et souvent les actes) violents – le théâtre qui convient à une jeunesse alors fort nombreuse, après la fin des guerres de religion.

C'est à cette jeunesse que s'adresse Corneille, avec *Le Cid* (1637) ou *L'Illusion comique* (1636 ▶ CORNEILLE, P. 67). C'est elle qui lui fait un triomphe, malgré les critiques que les académiciens, soucieux de règles et d'ordre, lui adressent.

Ce qui définit le mieux le baroque, c'est l'effet de miroir entre théâtre et réalité. On parle à l'époque de *theatrum mundi* (le théâtre du monde), voulant signifier par là que la vie est un théâtre, où nous jouons notre rôle, et que le théâtre, reflet de la vie, est parfois plus authentique que la vie elle-même, qui peut parfois n'être qu'un songe ▶ CALDERÓN, P. 65. D'où le grand nombre de pièces qui mettent en scène la représentation. Pirandello, au XXe siècle, saura se rappeler ces « mises en abyme » vertigineuses ▶ PIRANDELLO, P. 116.

5. Contraintes classiques

L'ordre finit par triompher au début du règne personnel de Louis XIV (1661). Les pièces de Racine suivent des contraintes que le vieux Corneille s'épuise à transgresser. La nouvelle jeunesse, autour du roi, s'émeut aux accents d'*Andromaque* (1667), de *Britannicus* (1669 ▶ RACINE, P. 74) ou d'*Iphigénie* (1674). Il faut toute la puissance d'une cabale (conspiration menée par des personnalités influentes) pour « faire tomber » (en langage théâtral, faire échouer une pièce) *Phèdre* en 1677 ▶ RACINE, P. 80. Les partisans du dramaturge Pradon (1644-1698) tentent de promouvoir, aux dépens de Racine, la *Phèdre* de leur protégé, montée la même année. Pour ce faire, ils louent la totalité des places aux représentations de la pièce de Racine, et perturbent le spectacle par des rires, quolibets et autres manifestations bruyantes. Racine, dégoûté, abandonne le théâtre durant près de vingt ans, et ne reviendra, à la demande de Mme de Maintenon, que pour offrir aux jeunes filles du collège de Saint-Cyr, qu'elle patronne, *Esther* (1689) et *Athalie* (1691).

Trois notions clés s'imposent durant l'ère classique, qui aime à fixer des normes : le respect de la vraisemblance, et, découlant de cette première, la contrainte des règles et des bienséances*.

– L'intrigue, pour être vraisemblable, doit rester dans les limites de la raison. La passion est vraisemblable ; la perversion ne l'est pas. Néron dans *Britannicus* est un « monstre naissant », qui pousse à l'excès des passions « honnêtes » ▶ RACINE, P. 74. Contrairement à Corneille, qui, fidèle à l'esthétique baroque de sa jeunesse, n'hésite pas, même tard dans sa carrière, à montrer des monstres (*Attila*, 1667), et qui d'ailleurs a de moins en moins de succès, Racine reste dans les limites étroites du vraisemblable. Même ses monstres (au dernier acte de *Phèdre*) sont mesurés, surtout par rapport à l'original mythique (voir la *Phèdre* de Sénèque ▶ SÉNÈQUE, P. 59).

– Les unités sont la conséquence de ce respect de la raison. « Qu'en un lieu, en un jour, un seul acte accompli / Tienne jusqu'à la fin le théâtre rempli », décrète Boileau dans son *Art poétique.* Un lieu, pour éviter à l'esprit d'avoir à se transporter dans plusieurs espaces. Un seul jour, unité de temps proche, au fond, du temps de la représentation : le spectateur veut bien dilater quelque peu les deux heures qu'il passe au théâtre, il ne supporterait plus que l'action se dilate sur plusieurs mois, voire plusieurs années. Unité d'action enfin, car conformément à l'idéal aristotélicien, opportunément redécouvert par les humanistes de la Renaissance, la tragédie doit avoir un sujet unique, enrichi de deux ou trois épisodes* – et non voir cohabiter plusieurs intrigues plus ou moins bien cousues ensemble.

– Le respect des bienséances* dépasse largement l'interdiction du vocabulaire « bas* » dans la tragédie. Il faut que l'auteur bâtisse un monde cohérent qui soit l'écho du monde des spectateurs – et même l'écho ennobli, dans la mesure où les sentiments exhibés sur la scène doivent être constamment nobles, et exprimés noblement – usant d'un langage bien plus relevé, et soumis à des contraintes bien plus lourdes, que celui qui était utilisé par l'aristocratie du temps. Parler en vers est donc naturel à des héros plus qu'humains. Le théâtre offre en fait un modèle vraisemblable, quoique embelli. La mimésis* opère dans l'idéal plus que dans la réalité.

Ces contraintes sont respectées même dans la comédie – à l'exclusion des farces, réservées à un tout autre public. Molière écrit en vers « naturels » *Tartuffe* (▶ MOLIÈRE, P. 72) ou *Le Misanthrope*. Boileau lui reprochera longtemps d'avoir eu recours, dans *Les Fourberies de Scapin* (▶ MOLIÈRE, P. 76), à des scènes de farce dans une comédie « réglée ».

Ultime règle, appliquée de l'extérieur : en août 1680, Louis XIV ordonne la jonction des deux troupes majeures de Paris, celle de l'Hôtel de Bourgogne et celle de l'Hôtel Guénegaud, et fonde la Comédie-Française (c'est en souvenir de cette fusion qu'à la Comédie-Française on frappe six coups pour annoncer le début de la pièce, au lieu des trois coups rituels). Désormais, le bon goût a sa maison, son « répertoire » et ses subventions.

6. Théâtre bourgeois

Le XVIIIe siècle, pour une part, respecte les règles classiques (*Œdipe*, 1718 ▶ VOLTAIRE, P. 83). Par ailleurs, il réinvente le drame sanglant à la française avec Crébillon père (1674-1762) et les débauches sanglantes d'*Électre* (1708) : « Corneille a pris la terre, Racine le ciel, il me reste l'enfer. », écrit-il.

Marivaux amène la comédie à un niveau de perfection langagière qui frise l'inexprimable : « Il pèse des œufs de mouche dans des balances en toile d'araignée », commente Voltaire ▶ MARIVAUX, P. 86.

Mais la grande innovation du XVIIIe, dans la seconde moitié du siècle, est l'invention du « théâtre bourgeois ». Mélodrames sentimentaux ou larmoyants, ou comédies de mœurs, Diderot est le meilleur propagandiste d'un genre que Beaumarchais illustrera, glissant de la comédie de mœurs (*Le Barbier de Séville*, 1775, ou *Le Mariage de Figaro*, 1784) à la comédie larmoyante (*La Mère coupable*, 1792) ▶ BEAUMARCHAIS, P. 89.

Le genre connaîtra une vogue extraordinaire sous la Révolution, dans la mesure où il permet l'expression de « bons sentiments » conformes à l'idéal républicain, et sombrera avec l'arrivée au pouvoir de Napoléon. Toutefois, on peut voir sa résurgence dans le « théâtre de boulevard » qui sévit à partir des années 1840 avec Scribe (1791-1861), Victorien Sardou (1831-1908) ou Alexandre Dumas fils (1824-1895) et sa *Dame aux camélias* (1852). Le « boulevard » s'est maintenu jusqu'à nos jours, avec ses péripéties convenues et ses fins heureuses, typiques du théâtre de Sacha Guitry (1885-1957) par exemple, sans apporter de vraies nouveautés à l'art théâtral.

7. L'invention du drame romantique

La Révolution lance, pour un temps, le théâtre politique. Mais déjà, une autre révolution s'est amorcée, en Allemagne, avec l'invention du romantisme. Schiller (1759-1805) avec *Les Brigands* (1781), puis Kleist (1777-1811) avec *Penthésilée* (1808) ou Goethe (1749-1832) avec *Faust* (1806 et 1832 ▶ GOETHE, P. 94) lancent sur le théâtre de grandes machines qui répugnent aux règles, à la vraisemblance et parfois même au bon goût. Les héros y sont déchirés et déchirants, les amours foudroyantes, les catastrophes imprévisibles. Le nom du mouvement qui rassemble ces jeunes gens, le *Sturm und Drang* (« Orage et Passion » : c'est le nom d'une pièce du dramaturge Klinger représentée en 1776) résume le contenu de leurs œuvres.

Le drame romantique se distingue de la tragédie par le choix des sujets (volontiers historiques, au lieu d'être mythiques) et le déplacement de la fatalité : dans la tragédie, le *fatum* (le destin) est extérieur aux personnages : ils le subissent. Dans le drame, le héros est la somme de ses actes. Personne d'autre que lui n'a écrit son destin.

Le drame romantique arrive en France pendant la Restauration. On célèbre les poètes allemands, on redécouvre Shakespeare et on affronte les « classiques » dans le champ clos de théâtres peuplés de jeunes gens affamés de passion. Alexandre Dumas avec *Henri III et sa cour* (1829) sonne la charge. Hugo avec *Hernani* (1830) provoque une polémique qui dégénère en bataille.

Très vite, les auteurs abandonnent le prétexte historique et montrent sur scène les passions contemporaines, mêlant drame et mélodrame. Avec *Antony* (1831), Dumas fait pleurer le Tout-Paris. Avec *Ruy Blas* (1838), l'auteur d'*Hernani* fera pleurer la France entière ▶ HUGO, P. 101.

Cette veine historico-romantique est à peine perturbée par l'adaptation au théâtre des contraintes réalistes que suit le théâtre naturaliste, qui tente de porter à la scène les principes énoncés par Zola (dont plusieurs romans seront adaptés pour le théâtre). Non sans problème : Antoine adapte *La Fille Élisa*, des frères Goncourt, en 1891, qui est immédiatement interdite par la censure pour étalage d'immoralité…

La veine romantique n'est cependant pas morte. Si Becque (*Les Corbeaux*, 1882) ou Mirbeau (*Les affaires sont les affaires*, 1903) mettent en scène l'argent et la corruption du capitalisme triomphant, Edmond Rostand obtient en 1899 un succès éclatant avec une pièce historico-romanesque, *Cyrano de Bergerac* ▶ ROSTAND, P. 112.

Ces années charnières entre deux siècles voient aussi la contestation radicale du genre théâtral. Alfred Jarry a le premier dynamité les conventions de la farce avec le personnage d'Ubu ▶ JARRY, P. 106. Apollinaire invente le mot « surréalisme » pour qualifier sa pièce *Les Mamelles de Tirésias* (1917).

8. Le théâtre de la cruauté

Les années folles, après 1918, sont une période de bouleversement des valeurs. La France découvre avec intérêt et un certain décalage des dramaturgies nouvelles (ainsi le Norvégien Ibsen, 1828-1906, le Suédois Strindberg, 1849-1912, ou le Russe Tchekhov, 1860-1904).

L'arrivée massive du cinéma, art « réaliste » par excellence, modifie la perception du théâtre. Les décors se stylisent. Giraudoux en revient aux grands sujets mythiques et même mythologiques ▶ GIRAUDOUX, P. 127. De même, Cocteau ▶ COCTEAU, P. 121. Durant la guerre, le théâtre devient une tribune où, par métaphore interposée, on commente la situation politique SARTRE, P. 134 ET 157.

« Le Théâtre de la Cruauté choisira des sujets et des thèmes qui répondent à l'agitation et à l'inquiétude caractéristiques de notre époque » : ainsi Antonin Artaud (1896-1948) définit-il le théâtre qu'il appelle de ses vœux, et auquel il contribuera avec *Les Cenci* (1935) ARTAUD, P. 123. Sa définition du théâtre comme un cérémonial influencera puissamment le théâtre d'après 1945, non seulement dans l'écriture, mais surtout dans la représentation. Des metteurs en scène s'écrivent en quelque sorte sur mesure des pièces qui leur permettront de développer cette thématique de la cruauté et leur fourniront des prétextes spectaculaires de réalisation : ainsi Roger Planchon avec *Gilles de Rais* (1976).

9. La part prépondérante du comédien

Jusqu'à la fin du XIXe siècle, l'acteur n'a pas bonne réputation. Diderot, dans *Paradoxe sur le comédien*, explique que l'acteur de génie est une coquille vide où se glisse le rôle (voir p. 43). Hors quelques monstres sacrés (La Champmeslé au XVIIe, Sylvia au XVIIIe, Marie Dorval, Réjane ou Sarah Bernhardt au XIXe siècle), les « actrices » sont souvent considérées comme des demi-mondaines, entretenues par de riches protecteurs. Hormis quelques grands acteurs (Montfleury ou Molière lui-même au XVIIe, Garrick au XVIIIe, Frédérick Lemaître, Kean ou Coquelin au XIXe siècle), les comédiens sont souvent de pauvres diables sans statut, vilipendés par les bien-pensants, confinés dans le monde de la nuit.

À partir des années 1930, le développement des médias donne à l'acteur (et particulièrement à l'actrice) un statut de « star » qui déifie la personne en la confondant avec le(s) personnage(s). Si le cinéma muet se rapprochait de la pantomime, l'arrivée du parlant rend nécessaire l'emploi d'acteurs confirmés.

De nouvelles théories du jeu de l'acteur bouleversent par ailleurs les habitudes. Meyerhold (1874-1940), en Russie, travaille sur le geste et combine les performances des ballets russes, du Nô japonais et de la *Commedia dell'arte*, avant de renouveler la mise en scène des pièces classiques dans des décors où la machinerie joue un rôle de premier plan – audaces structurelles qui lui vaudront d'être exécuté lors des purges staliniennes. Son compatriote Stanislavski (1863-1938) fonde le jeu de l'acteur sur l'intégration psychique du personnage et la quête en soi des émotions qui permettront de rendre compte de la vérité du héros. Dans les années 1950, à New York, Lee Strasberg crée l'Actors Studio qui prolonge les recherches de Stanislavski et génère une nouvelle race d'acteurs, imprégnés de leurs personnages et capables de performances surprenantes, sur scène comme à l'écran.

Le cinéma finit par servir aussi le théâtre. Jules Romains (1885-1972) et Stefan Zweig (1881-1942) adaptent en 1928, pour le théâtre du Cartel, *Volpone*, une pièce écrite en 1605 par le dramaturge élisabéthain Ben Jonson (1572-1637) – et Maurice Tourneur filme le résultat (1941). Louis Jouvet, qui joue dans *Volpone*, filme à son tour *Knock* – de Jules Romains – en 1933. Plus tard, en 1990, Jean-Paul Rappeneau filmera *Cyrano de Bergerac* ◗ ROSTAND, P. 112. La télévision s'intéresse également au théâtre et met en scène le *Dom Juan* de Molière (Marcel Bluwal, 1965).

10. La part prépondérante du metteur en scène

Jusqu'à la fin du XIXe siècle, c'est l'acteur (principalement l'acteur-vedette) et accessoirement l'auteur, qui se chargent de la mise en scène. Ainsi, Racine aurait appris à la Champmeslé ses rôles « phrase à phrase, vers à vers, mot à mot, inflexion à inflexion », à en croire son fils et biographe, Louis. Ainsi Hugo, qui ne s'entend pas avec la comédienne-vedette de la Comédie-Française en 1830, Mlle Mars, déménage sa pièce au théâtre de la Porte Saint-Martin où Marie Dorval lui donne entière satisfaction. C'est à l'occasion d'*Hernani* que, pour la première fois, un critique, Jules Janin, utilise l'expression « mise en scène ». On n'en est pas encore à parler de metteur en scène.

Tout change vers la fin du XIXe siècle, où s'invente alors le metteur en scène – et, dans la foulée, le régisseur, l'éclairagiste, le décorateur – tout ce qui fait actuellement du théâtre une entreprise collective. Lugné-Poe fonde en 1890 avec le poète Paul Fort le Théâtre d'art, puis dirige le théâtre de l'Œuvre (1893), où il monte *Ubu Roi* ▷ JARRY, P. 106. Jacques Copeau constitue en 1913 la Compagnie du Vieux-Colombier, où s'illustreront Dullin et Jouvet, avant que ceux-ci créent leur propre troupe, Dullin à l'Atelier, Jouvet à la Comédie des Champs-Élysées, où il monte les pièces de Giraudoux ▷ GIRAUDOUX, P. 127. Avec Georges Pitoëff et Gaston Baty, ils fondent en 1926 le « Cartel des quatre », pour contrer la vogue du théâtre expressionniste allemand et des constructivistes russes (Meyerhold), et trouver une voie « française ». Après guerre, Jean-Louis Barrault monte des textes difficiles de Claudel (*Tête d'or* est créé en 1959 ▷ CLAUDEL, P. 109) et impose sa compagne Madeleine Renaud dans les rôles complexes du théâtre de Ionesco (*Rhinocéros* est créé en 1960 ▷ IONESCO, P. 165) et Beckett – dont Roger Blin a créé *En attendant Godot* en 1953 ▷ BECKETT, P. 160, avant de monter *Le Gardien* de Pinter en 1961 ▷ PINTER, P. 169. Avant d'inventer et de diriger le festival d'Avignon, manifestation majeure de l'art théâtral, Jean Vilar crée le Théâtre national populaire (TNP), et monte

Le Cid avec Gérard Philipe (1951). Il ouvre ainsi la voie à de nombreux metteurs en scène français de réputation internationale, qu'il s'agisse d'Antoine Vitez, de Roger Planchon, de Patrice Chéreau, de Georges Wilson ou de Claude Régy. La plupart, comme Laurent Terzieff, inlassable adaptateur de Pirandello ▶ PIRANDELLO, P. 116 sont d'ailleurs acteurs et metteurs en scène.

Une autre voie est ouverte par le Living Theatre, théâtre expérimental créé aux États-Unis en 1947, où la mise en scène est assurée par la troupe tout entière, dans une idéologie anarchisante qui inspirera bien des metteurs en scène, comme Ariane Mnouchkine et son Théâtre du Soleil : la représentation tient plus du « happening » et de l'improvisation contrôlée que de l'asservissement à un texte. Le théâtre s'internationalise dans les années 1960-1980, avec l'arrivée en France des spectacles de l'Américain Robert (Bob) Wilson, de l'Anglais Peter Brook, ou des Allemands Peter Stein ou Klaus Michael Grüber.

On retrouve parfois la tradition ancienne des auteurs-metteurs en scène-acteurs, comme au temps de Molière. Bertolt Brecht monte ses propres pièces dès les années 1930 ▶ BRECHT, P. 130. Harold Pinter dirige et parfois joue les siennes ▶ PINTER, P. 169 – de même Dario Fo, prix Nobel de littérature en 1997 pour une œuvre largement inspirée de la culture populaire et des traditions médiévales.

11. Où le théâtre retrouve la politique

Si le théâtre passe encore parfois par la métaphore pour parler politique, qu'il s'agisse de Giraudoux (*La guerre de Troie n'aura pas lieu*, 1935) ou de Sartre (*Les Mouches* ▶ SARTRE, P. 134), il évoque de plus en plus clairement le monde des hommes. Brecht, premier exemple de « théâtre engagé », transpose Hitler et ses sbires dans l'univers du gangstérisme américain (*La Résistible Ascension d'Arturo*

Ui ▶ BRECHT, P. 130). Le Front populaire a vu des comédiens (emmenés par les frères Prévert et le groupe Octobre) jouer des saynètes politiques sur des tréteaux à la sortie des usines ; l'après-Mai 68 connaîtra le même phénomène, avec des troupes improvisant à partir de l'actualité. De l'autre côté du rideau de fer, le théâtre reste une manière de contester le monde, et Václav Havel verra plusieurs de ses pièces interdites en Tchécoslovaquie – avant de devenir le président d'une République tchèque que la contestation sur les planches a contribué à libérer du joug soviétique.

3 THÉORICIENS MODERNES

Si le théâtre joué est la conjonction, aujourd'hui, d'un texte, d'une mise en scène et de l'art des acteurs, les théoriciens – eux-mêmes praticiens – ont, selon leurs optiques, fait porter l'accent sur l'une ou l'autre de ces trois composantes.

1. Jacques Copeau, *Registres* (1928) : primauté du texte

« Quelles sont les méthodes qui conduisent à bien lire un texte ? Je serais bien embarrassé de le dire. Je crois que cela ne peut guère s'apprendre. C'est un don, c'est une grâce qui nous est donnée ; c'est une inspiration analogue à celle du poète, d'un ordre moins élevé, mais de même nature. L'homme de théâtre-né, par une mystérieuse connivence, entre presque sans effort en possession de l'ouvrage du dramaturge-né. Ce qui n'est pour autrui qu'une suite de mots, noirs sur blanc, et que les phrases coupées d'un dialogue, il y découvre, pour ainsi dire au premier coup d'œil, un monde de formes, de sons, de couleurs, de mouvements. Il ne les invente pas. Il les retrouve. Ce sont les mouvements, les couleurs, les sons et les formes qui accompagnaient plus ou moins consciemment la création du poète. C'est pourquoi je pense que pour une œuvre bien conçue pour la scène il existe une mise en scène nécessaire, et une seule, celle qui est inscrite dans le texte de l'auteur, comme les notes sur une portée musicale. Elles sont muettes aux yeux du profane. Le regard du musicien les fait chanter. »

Registres du Vieux-Colombier, Éditions Gallimard, 1928.

2. Antonin Artaud, *Le Théâtre et son double* (1938) : primauté de la mise en scène

« Cette nécessité pour le théâtre de se retremper aux sources d'une poésie éternellement passionnante et sensible pour les parties les plus reculées et les plus distraites du public, étant réalisée par le retour aux vieux Mythes primitifs, nous demanderons à la mise en scène et non au texte le soin de matérialiser et surtout actualiser ces vieux conflits, c'est-à-dire que ces thèmes seront transportés directement sur le théâtre et matérialisés en mouvements, en expressions et en gestes avant d'être coulés dans les mots.

Ainsi, nous renoncerons à la superstition théâtrale du texte et à la dictature de l'écrivain. »

Le Théâtre et son double, Éditions Gallimard, 1938.

3. Louis Jouvet, *Réflexions du comédien* (1938) : primauté de l'acteur

« C'est le sentiment qui doit engendrer et guider le texte. Le sentiment est la part de sensibilité qu'apporte un acteur dans l'émission d'un texte et dans sa traduction scénique. Le comédien doit savoir penser un texte, c'est-à-dire l'imaginer dramatiquement après avoir reçu, de sa lecture, une impression sensible. Claudel dit : "Le texte a une saveur, une substance, il est une nourriture." Il faut savoir dégager l'intrigue, la situation dramatique d'une pièce. "Le rôle est une page blanche où l'on écrit d'abord le sentiment", dit Stanislawski. »

Réflexions du comédien, Librairie théâtrale, 1938.

4 SOUS LES FEUX DE LA RAMPE

1. Les lieux

L'espace théâtral grec ou romain était un espace ouvert, en général un amphithéâtre qui descendait vers une scène limitée par un mur, caisse de résonance sur laquelle rebondissaient les propos des acteurs. Le théâtre d'Épidaure, au nord du Péloponnèse, contenait près de 3 000 personnes, mais l'acoustique y était telle qu'une phrase murmurée sur scène atteignait le dernier rang.

Au Moyen Âge, le théâtre se construit en rond. Les spectateurs sont disposés tout autour de l'aire de jeu. On monte peu à peu des étages, qui accueillent des spectateurs de marque, mais peuvent aussi servir au jeu, pour abriter des lieux symboliquement haut placés (le paradis), des personnages « haut » placés ou des scènes essentielles. Les acteurs rejoignent les différentes aires de jeu à l'aide d'échelles ou de passerelles.

C'est de cet espace circulaire que s'inspirent les théâtres élisabéthains – ainsi le Rose, qui abrite un temps la troupe de Shakespeare

SHAKESPEARE, P. 63.

Le théâtre classique français se joue au départ dans des salles de jeu de paume transformées : un espace rectangulaire, occupé par une scène peu profonde, d'autant moins large que jusqu'au début du XVIIIe siècle, des spectateurs y auront leur chaise. Des loges sont construites au-dessus du parterre et accueillent les personnes de qualité.

Le peuple, surtout dans les provinces, ne bénéficie pas d'un tel luxe. Les comédiens – comme Molière durant les vingt premières années de sa carrière – sont itinérants et montent des tréteaux sur lesquels ils jouent. Des toiles grossièrement peintes complètent l'illusion. Il en est de même partout en Europe, en France, en Espagne (où l'on joue sur des places publiques fermées, parfois surmontées d'un *velum* pour s'abriter du soleil), comme en Italie.

Ce n'est qu'à partir du XVIIIe siècle que sont construites des salles spécialisées, très souvent sur le modèle du « théâtre à l'italienne », avec plusieurs rangs de balcons et de loges, superposés, en demi-cercles souvent décalés au-dessus d'un parterre rectangulaire. Et, tout en haut, les places les moins chères, celles du poulailler : la plus ou moins grande proximité de la scène détermine en général la cherté des places, les moins chères étant les plus inconfortables.

2. La lumière

Par définition, ces spectacles joués dans des salles fermées sont tributaires de l'éclairage. Les Anglais, comme autrefois les Grecs ou les Latins, jouent pendant la journée, en lumière naturelle. Les Français jouent le soir : la longueur des pièces est directement proportionnelle à la durée de vie des chandelles qui équipent les lustres. Les cinq actes d'une pièce durent toujours, à peu de chose près, le même temps (1840 vers pour *Le Cid*; à peine 200 de moins pour *Phèdre*; *Britannicus*, avec 1758 vers, est entre les deux ▶ RACINE, P. 74 ET 80).

Dans ce contexte brillamment éclairé, aller au théâtre est un acte social : on s'y rend autant pour voir que pour s'y montrer. Le lustre, accessoire obligé des « théâtres à l'italienne », permet de voir le spectacle sur scène et dans la salle.

L'invention de l'éclairage au gaz, à la moitié du XIXe siècle, en permettant de baisser la lumière – ne subsistent que des veilleuses –, puis la généralisation de l'électricité, en permettant de la couper tout à fait, révolutionnent la vision des pièces. On se rend soudain au théâtre pour véritablement voir la pièce, puisque la scène est le seul espace éclairé. La rampe (rangée de lumières installée au bord de la scène) fabrique d'ailleurs un éclairage artificiel bizarre (de bas en haut) qui impose de farder différemment les acteurs, pour redonner du volume à des parties du corps, pommettes ou mentons, voire bustes féminins, que l'éclairage a tendance à aplatir.

Le jeu des projecteurs, dans le théâtre moderne, en permettant d'habiller les scènes, rendra essentiel le travail des éclairagistes, complémentaire de la vision du metteur en scène, qui peut ajouter au texte et au jeu des acteurs toutes les ressources dramatiques du décor, de l'éclairage, de la sonorisation, etc.

3. Le décor

Le théâtre grec vivait de convention : il suffisait de dire quelque chose pour que les spectateurs le voient. Le théâtre élisabéthain n'a guère les moyens de mettre en scène les pièces que lui apportent ses auteurs, qui presque toutes supposent une débauche d'effets, et le décor se réduit à quelques meubles essentiels – le tombeau de Juliette, par exemple.

Le théâtre classique français suit deux traditions. D'un côté, le « palais à volonté » – une toile peinte souvent en trompe-l'œil figurant des colonnades, puisque l'action des tragédies de Corneille ou de Racine est supposée se passer dans l'antichambre d'un palais royal. D'un autre côté, les « pièces à machines » du théâtre baroque font appel à des trucages, des effets spéciaux, toute une machinerie qui permet de faire bouger ou coulisser la scène. Le spectacle est alors total, et suscite des cris d'admiration – ou d'horreur – dans le public. Évidemment, de telles machineries sont fort coûteuses et ces spectacles assez rares, souvent réservés aux comédies-ballets (ainsi *Psyché*, écrit conjointement par Molière, Corneille et Quinault en 1671).

Le décor coûte toujours cher. Rares seront donc, jusqu'à une période récente, les spectacles qui pourront disposer de finances suffisantes pour engager des frais importants. Ce n'est d'ailleurs pas essentiel à la réussite d'une pièce. À l'époque actuelle, si certains metteurs en scène (Jérôme Savary, par exemple) aiment les productions coûteuses, d'autres (Peter Brook) jouent dans des décors minimalistes en misant principalement sur le jeu des acteurs, qui, lorsqu'il est de qualité, peut, comme au Ve siècle avant J.-C., générer l'illusion.

4. « Quatrième mur » et double énonciation

On appelle ainsi le mur imaginaire qui sépare les acteurs des spectateurs – là où est installée la rampe. Les acteurs jouent, par convention, comme s'il y avait un mur (invisible) qui permette aux spectateurs de regarder en douce ce qui se passe dans une pièce où les gens qui parlent et s'agitent n'ont pas conscience d'être observés. Dans de très anciennes traditions médiévales, le public était pris à partie par les comédiens improvisés et participait vraiment à l'acte théâtral. Des metteurs en scène modernes ont repris cette tradition pour faire tomber le « quatrième mur », en installant leurs acteurs parmi les spectateurs (le théâtre « populaire » de Robert Hossein), ou en imaginant des personnages qui prennent à partie les spectateurs. Ainsi dans *Kean*, pièce de Sartre récrite d'après Dumas, où le comédien-héros principal ne sait plus s'il parle à l'héroïne ou aux gens installés dans la salle. Dans *Cyrano de Bergerac*, le décor à l'acte I représente un théâtre entier et le héros est, au début, installé parmi les spectateurs – et montera bientôt sur la scène installée sur scène, traversant le quatrième mur d'un bond ▶ ROSTAND, P. 112.

Ce quatrième mur est au cœur de l'un des grands principes du texte théâtral, la « double énonciation » : l'acteur sur scène s'adresse à deux personnes différentes, son interlocuteur (qui peut être lui-même, dans le cas des monologues) et le spectateur dont par convention il ignore la présence – puisque le « quatrième mur » le lui cache. Le spectateur en sait toujours davantage que le personnage, parce qu'il a toutes les cartes en main. Lorsque Tartuffe proteste auprès d'Orgon de la pureté de ses intentions à l'égard de sa femme, nous n'ignorons pas qu'il n'est pas innocent ▶ MOLIÈRE, P. 72. Mais le plaisir vient justement du fait de voir Orgon s'enfoncer dans ses certitudes erronées. En revanche, lorsqu'à la fin de la pièce un personnage déclare : « Nous vivons sous un prince ennemi de la fraude », il parle dans le même temps, et d'une même voix, aux autres personnages rassemblés, et au public – dont, au premier rang, Louis XIV lui-même. Mais on est alors à la fin de la pièce, quand le quatrième mur s'effondre (sous les applaudissements) pour laisser aux acteurs l'occasion de saluer.

On remarquera que plus la forme est dramatique, plus le quatrième mur est épais : les tragédiens vivent leur rôle en ignorant complètement le public. À l'inverse, plus on va vers la comédie, plus la complicité se fait grande entre le personnage et son public.

5. Distanciation

C'est l'auteur et dramaturge Bertolt Brecht (1898-1956) qui a inventé ce concept. Il suppose que le réalisme au théâtre consiste non à provoquer une illusion totale, mais à la mettre en place tout en rappelant sans cesse que l'on est au théâtre ▶ BRECHT, P. 130.

Ce n'est pas une idée tout à fait nouvelle. De nombreuses pièces inspirées de l'esthétique baroque (*L'Illusion comique* ▶ CORNEILLE, P. 67) représentent un théâtre : mais c'était dans l'hypothèse du *theatrum mundi* (voir p. 25), pour dire que le monde était un théâtre et que le théâtre en se donnant pour théâtre représentait le monde. Dans la distanciation, il s'agit de rappeler au spectateur que le théâtre tient un double discours sur ce qu'il représente et sur la représentation elle-même. On peut ainsi contester la mise en scène cinématographique du théâtre, qui, en abolissant le cadre institutionnel (le lieu théâtral), renforce l'illusion au point de nous faire oublier qu'il s'agit de théâtre. Ainsi, en adaptant *Les Fourberies de Scapin* en 1980, l'acteur Roger Coggio commence la pièce sur un théâtre de tréteaux, dont les acteurs descendent pour se mêler à la foule et à la rue et continuer l'intrigue – comme si la pièce abandonnait le théâtre pour devenir réalité, alors que sa réalité la plus évidente, c'est d'être, justement, du théâtre.

6. Acteur et comédien

La différence n'apparaît pas tout de suite, parce que le langage commun mélange les deux termes. Cependant, théoriciens et praticiens du théâtre ont toujours soigneusement distingué les deux capacités de l'acteur et du comédien.

Voici trois courts textes, d'époques différentes, qui font le point sur la question.

Diderot, *Paradoxe sur le comédien* (écrit vers 1769, publié en 1830)

« C'est l'extrême sensibilité qui fait les acteurs médiocres ; c'est la sensibilité médiocre qui fait la multitude des mauvais acteurs ; et c'est le manque absolu de sensibilité qui prépare les acteurs sublimes. Les larmes du comédien descendent de son cerveau ; celles de l'homme sensible montent de son cœur : ce sont ses entrailles qui troublent sans mesure la tête de l'homme sensible ; c'est la tête du comédien qui porte quelquefois un trouble passager dans ses entrailles ; il pleure comme un prêtre incrédule qui prêche la Passion ; comme un séducteur aux genoux d'une femme qu'il n'aime pas, mais qu'il veut tromper ; comme un gueux dans la rue ou à la porte d'une église, qui vous injurie lorsqu'il désespère de vous toucher ; ou comme une courtisane qui ne sent rien, mais qui se pâme entre vos bras. »

Louis Jouvet, *Réflexions du comédien* (1938)

« Il faut, dès l'abord, établir une distinction professionnelle entre acteur et comédien, termes que l'on emploie indifféremment dans le langage courant. L'acteur ne peut jouer que certains rôles ; il déforme les autres selon sa personnalité. Le comédien, lui, peut jouer tous les rôles. L'acteur habite un personnage, le comédien est habité par lui. [...] La principale différence entre le comédien et l'acteur se trouve dans ce mimétisme dont l'acteur n'est pas capable au même degré que le comédien. De la façon dont un artiste interprète un rôle, du processus suivant lequel il arrive à composer son personnage, on déduit la part de l'acteur et celle du comédien : l'acteur se substitue au personnage, le comédien opère par pénétration et insinuation. »

Réflexions du comédien, Librairie théâtrale, 1938.

Michel Bouquet, *La Leçon de comédie* (1988)

« L'acteur est un être complètement ordinaire dont l'unique tâche est de faire résonner, en lui et pour les autres, l'ensemble des réalités et des phantasmes qui habitent le magma humain. Et pour devenir un résonateur parfait, il se doit d'être comme les autres. S'il n'était pas comme les autres, les autres n'auraient aucune envie de s'intéresser à lui !

Un acteur, c'est l'humain en général, et c'est en cela qu'il n'est rien. C'est un réservoir des rêves et des cauchemars de l'espèce humaine, un homme sans qualité particulière parlant à d'autres hommes qui sont eux aussi des acteurs (comment pourraient-ils le tolérer s'ils n'étaient pas eux-mêmes des acteurs ?). Le comédien au fond se caractérise par une extrême normalité – d'où la déception de qui s'en approche dans la vie – et par sa capacité de faire sentir aux autres qu'ils ont en eux cinquante millions d'existences différentes. En marge, il y a cette question qu'il pose insidieusement : pourquoi tiennent-ils tellement à vivre la leur ?

Diderot se veut critique lorsqu'il dit que l'acteur pourrait n'être rien. Il est péjoratif et même dur, car il ne voit pas dans ce rien une exemplarité. Un individu qui s'acharne à ne pas être lui pour devenir les autres est, pour moi, remarquable. »

La Leçon de comédie, Séguier, 1988, pp. 36-37.

7. Didascalies : texte et représentation

Le théâtre peut-il se passer de texte ? Le texte de théâtre peut-il se lire loin de la représentation ? À haute voix ou en silence ? En y « mettant le ton » ou à plat ?

Les pratiques scolaires ont détaché le texte théâtral du théâtre lui-même. On l'étudie si bien pour lui-même qu'on en arrive à analyser les didascalies*, ces remarques insérées par l'auteur et imprimées en général en italique, pour faire comprendre la mise en scène. Annie Ubersfeld (*Lire le théâtre*, 1977) parle à propos du texte théâtral de « texte troué » : la représentation, en travaillant le texte, restituerait de manière palpable toute la matière invisible insérée entre les mots par l'auteur. La mise en scène n'a pas pour objet d'agrémenter le texte pour augmenter le plaisir du spectateur, mais d'en tirer toutes les conséquences, afin que son exploitation dramatique concourre effectivement au plaisir de la représentation.

Il convient donc d'avoir en mémoire, lorsqu'on lit un texte théâtral dans son fauteuil, qu'il s'agit à la fois d'un texte fini et d'un texte infini, où les interprétations, les hypothèses de scène s'entrecroisent et se conjuguent.

On remarquera que plus on va vers le XXe siècle, plus la part des didascalies* est importante : paradoxalement, à une époque où les metteurs en scène ont pris le pouvoir et infligent aux textes des traitements très personnels, les auteurs ont à cœur de retrouver un peu de leur pouvoir d'antan, en aiguillant le jeu et la mise en scène.

5 GENRES THÉÂTRAUX

L'idée de classement des genres (voire de hiérarchisation) n'a de sens que dans les périodes qui reconnaissent des normes fixes. Ce fut le cas en France aux XVIIe et XVIIIe siècles, comme autrefois en Grèce. C'est moins vrai du théâtre élisabéthain ou du théâtre espagnol de l'âge d'or (début XVIIe siècle). C'est presque toujours inopérant dans les pièces modernes.

Dans le domaine français, les définitions sont si étroites qu'elles ont engendré, à certaines périodes (en particulier au XIXe siècle) de très vives disputes. Des éléments de farce dans un drame (*Ruy Blas* HUGO, P. 101) ont soulevé des polémiques violentes.

Voici donc les caractères essentiels des quatre principaux genres, tragédie, comédie, tragi-comédie et drame, ainsi qu'une présentation des genres théâtraux secondaires.

1. La tragédie

Les personnages d'une tragédie sont nobles, voire divins. Le ton et le style sont « sublimes » et exprimés le plus souvent en alexandrins. L'intrigue, très souvent inspirée de l'Histoire ou de la mythologie, est simple, linéaire, sans péripéties* marginales :

« Il y en a qui pensent que cette simplicité est une marque de peu d'invention. Ils ne songent pas qu'au contraire toute l'invention consiste à faire quelque chose de rien, et que tout ce grand nombre d'incidents a toujours été le refuge des poètes qui ne sentaient dans leur génie ni assez d'abondance ni assez de force pour attacher durant cinq actes leurs spectateurs par une action simple, soutenue de la violence des passions, de la beauté des sentiments et de l'élégance de l'expression. » (Racine, *Préface* de *Bérénice*, 1671)

La tragédie se déroule en cinq actes et est soumise à la fatalité : les dieux y jouent toujours un rôle essentiel. Le dénouement d'ailleurs est le plus souvent… tragique : meurtre, suicide, punitions en tout genre. Mais ce n'est pas obligatoire. Racine, en préfaçant *Bérénice*, tragédie où le pire (et le sujet de la pièce) est une séparation, explique : « Ce n'est point une nécessité qu'il y ait du sang et des morts dans une tragédie : il suffit que l'action soit grande, que les acteurs en soient héroïques, que les passions y soient excitées, et que tout s'y ressente de cette tristesse majestueuse qui fait tout le plaisir de la tragédie. » C'est que le public de Racine appartient à la meilleure société, le mieux à même d'éprouver terreur* et pitié*, sentiments nobles dont le peuple est par nature dépourvu, pense-t-il.

2. La comédie

Les personnages, lorsqu'ils sont nobles, n'y ont pas de fonction politique définie. Ils sont le plus souvent bourgeois, voire populaires. L'action peut se dérouler en cinq actes, mais souvent en trois, voire en un seul acte (chez Marivaux particulièrement ▶ MARIVAUX, P. 86). Le ton et le style sont mélangés, rarement sublimes, et incorporent parfois des éléments de langage bas, surtout dans la farce. L'intrigue est souvent traditionnelle : soit elle oppose vieux, jeunes et valets, soit elle repose sur un « triangle amoureux » (mari/épouse/amant ou maîtresse). Elle peut encore (ou simultanément) être centrée sur un caractère (un avare, un hypocondriaque, un vieillard libidineux, etc.). Le dénouement est généralement heureux – par exemple un mariage. On souhaite inspirer au spectateur des sentiments variables, qui vont de l'amusement pur à la réflexion morale. *Tartuffe* ou *Les Fourberies de Scapin* sont des comédies ▶ MOLIÈRE, P. 72 ET 76.

À remarquer qu'au contraire de la tragédie ou du drame, la comédie n'a pas généré beaucoup de discours théoriques. C'est un genre trop protéiforme pour se plier à des règles bien précises.

Lorsqu'elle devient farce (*Ubu Roi* ▶ JARRY, P. 106), la comédie abandonne toute contrainte, et se complaît dans les registres de langue les plus bas et les situations les plus scabreuses – ce qui n'interdit pas une réflexion profonde : ce sont des théoriciens proches des classes dominantes qui ont prétendu interdire les ingrédients de la farce à la comédie, pour mieux désamorcer ce que le rire populaire pouvait avoir de subversif. À l'extrême de la chaîne théâtrale, dans la rue, le Guignol était, à l'origine (et dans la région lyonnaise où il est né), une critique acerbe des puissants. Il est devenu aujourd'hui un divertissement pour enfants ou pour téléspectateurs passifs.

Selon Rivarol (1753-1801), la différence de « suspens » entre comédie et tragédie, acte après acte, est la suivante :

Actes	Comédie	Tragédie
1	Le héros se mariera	Le héros mourra
2	Il ne se mariera pas	Il ne mourra pas
3	Il se mariera	Il mourra
4	Il ne se mariera pas	Il ne mourra pas
5	Il se mariera	Il mourra

3. La tragi-comédie

Comme la tragédie, ses personnages sont nobles, mais peuvent descendre jusqu'à la bourgeoisie. Dès lors, langage et style, ordinairement soutenus, peuvent aussi glisser vers un style moyen proche de la comédie. L'intrigue est complexe, souvent romanesque, susceptible de développements et de rebondissements marginaux. Le dénouement est généralement heureux. On cherche à provoquer le plaisir du public par la grandeur du spectacle (la tragi-comédie sera volontiers une « pièce à machines », voir plus haut) et sa sympathie pour tel ou tel héros ou héroïne. *Le Cid* est une tragi-comédie.

4. Le drame

Les héros viennent de tous les horizons, rois ou valets. Souvent en cinq actes, le drame peut s'additionner de nombreux « tableaux », impliquant d'importants changements de décor. Le ton et le style vont du sublime au plus bas, souvent dans la même pièce : le maître mot du drame, c'est le « mélange ». L'intrigue s'apparente à celle de la tragédie, à ceci près qu'il n'est pas nécessaire d'invoquer une fatalité (ou une divinité) extérieure aux personnages eux-mêmes : la tragédie est surhumaine, le drame reste humain. On cherche à provoquer chez les spectateurs aussi bien le plaisir du spectacle que l'effroi ou l'amusement : dans tous les cas, des sentiments mélangés. Si le genre remonte au moins à Shakespeare (*Roméo et Juliette* ▶ SHAKESPEARE, P. 63), les principaux théoriciens du drame, en France, ont écrit entre la fin du XVIIIe (drame bourgeois : Diderot ou Beaumarchais) et le début du XIXe siècle :

« Le drame [...] c'est tout, regardé à la fois sous toutes ses faces. S'il y avait un homme aujourd'hui qui pût réaliser le drame comme nous le comprenons, ce drame, ce serait le cœur humain, la tête humaine, la passion humaine, la volonté humaine ; ce serait le passé ressuscité au profit du présent, ce serait l'histoire que nos pères ont faite, confrontée avec l'histoire que nous faisons, ce serait le mélange sur la scène de tout ce qui est mêlé dans la vie [...] ; ce serait le rire, ce seraient les larmes ; ce serait le bien, le mal, le haut, le bas, la fatalité, la providence, le génie, le hasard, la société, le monde, la nature, la vie ; et au-dessus de tout cela on sentirait planer quelque chose de grand. » (Hugo, *Préface* de *Marie Tudor*, 1833)

Le drame romantique (*Ruy Blas* ▶ HUGO, P. 101 ; *Lorenzaccio* ▶ MUSSET, P. 97) emprunte de nombreux éléments au mélodrame, genre théâtral populaire qui a connu un franc succès dans la première moitié du XIXe siècle : intrigues invraisemblables, riches en surprises et en « coups de théâtre », personnages réduits à des « types » humains à la psychologie sommaire (héroïnes persécutées, amants malheureux, débauchés abominables, pères abusifs, etc.). Ce sont ces personnages et non plus le style, qui sont porteurs d'effets : les uns provoquent la terreur*, d'autres la pitié*. Le héros, beau, jeune et courageux, provoque l'admiration. Les décors sont essentiels, souvent changés, les effets appuyés. Quant au style, il parcourt toute la gamme, du sublime et du grandiloquent au trivial, voire au grotesque.

Proche du drame, le mélodrame connaît des succès foudroyants à partir des années 1830. Abrégé en « mélo », il a débordé du cadre théâtral pour désigner finalement toute œuvre destinée à tirer des larmes de spectateurs peu exigeants : « Vive le mélodrame où Margot a pleuré ! », s'écrie Musset.

5. Les genres théâtraux secondaires

Le théâtre ne s'est pas toujours installé dans des lieux spécifiques. Une part importante de l'activité théâtrale s'est toujours déroulée dans la rue, sur des tréteaux, avec des bateleurs de foire, des masques et un public très populaire. Molière a fait ses premières armes en parcourant la France des années 1650 avec sa troupe. Le roman de Théophile Gautier, *Le Capitaine Fracasse* (1863), rend admirablement compte de cette tradition itinérante.

La comédie italienne, dérivée de la *Commedia dell'arte*, s'installe en France en 1660 et monte des spectacles en français, avec les personnages traditionnels italiens (Scaramouche, le Docteur, Pierrot, Arlequin, etc.). Les comédiens italiens sont expulsés en 1697 (pour avoir monté un spectacle intitulé *La Fausse Prude* où les allusions à Mme de Maintenon étaient trop évidentes) et reviennent après la mort de Louis XIV, en 1716. Leur devise : *Castigat ridendo mores* (il châtie les mœurs en riant). Ils auront une influence décisive sur la comédie à la française, particulièrement celle de Marivaux.

La comédie larmoyante est la version « heureuse » du drame bourgeois ou la version mélodramatique de la « comédie sérieuse » que prônait Diderot (voir plus haut).

La pantalonnade, farce bouffonne, vient de Pantalon, personnage de la *Commedia dell'arte.*

La pantomime est une pièce où les acteurs ne s'expriment que par gestes.

La pastorale, d'origine italienne et introduite en France au début du XVIIe siècle, met en scène des bergers (et des bergères) de convention. Elle prépare la comédie.

Le proverbe est une courte pièce, en usage au XVIIIe siècle, qui doit illustrer un proverbe ou le faire deviner aux spectateurs. Musset a repris le genre avec *Il ne faut jurer de rien* (1836).

La saynète est une petite comédie bouffonne du théâtre espagnol, puis, par extension, désigne une très courte comédie (synonyme actuel : sketch).

Le vaudeville est à l'origine une comédie agrémentée de chansons et de ballets. Par extension, à partir du XIXe siècle, il désigne une comédie légère et enlevée. Longtemps considérés comme un genre mineur, les vaudevilles de Labiche (1815-1888 : *Le Voyage de Monsieur Perrichon*, 1860) ou de Feydeau (1862-1921 : *La Dame de chez Maxim*, 1899) ont été réévalués ces dernières années.

ARTIE 2

le théâtre

Pratique des textes

1 Sophocle (496-406 av. J.-C.)

Œdipe roi (vers 430)

La pièce de Sophocle passait, aux yeux d'Aristote comme à ceux de ses contemporains, pour la plus parfaite des tragédies (sur l'anecdote même de l'histoire d'Œdipe, voir texte 21). Nous sommes ici à la fin de la pièce, quand Œdipe a enfin compris quelle était sa faute, et vient de choisir son châtiment – partir seul, aveugle, sur les routes, quémandant l'aumône et son pardon.

Entre Œdipe.

LE CORYPHÉE

Ô souffrance horrible à voir,
ô la plus horrible de toutes celles
que j'aie jamais rencontrées !
Quelle folie t'a pris, malheureux ?
quel dieu a bondi
du plus grand des bonds
sur ton malheureux destin ?
Éheu, éheu[1], misère ! je ne peux pas te regarder.
Je voudrais tellement te questionner,
tellement t'entendre, tellement te voir !
mais tu me fais trembler.

ŒDIPE

Ayaï, ayaï ! malheur à moi !
où suis-je emporté ? malheur !
où ma voix est-elle emportée ?
ioh ! mon destin, où m'as-tu jeté ?

LE CORYPHÉE

Dans une horreur qu'on ne saurait voir ni entendre.

1 Hélas, en grec. Comme, aux lignes 13 et 16, « Ayaï » et « ioh ! ».

ŒDIPE

Ô ténèbres,
exécrable nuée que voilà venue sur moi,
indicible, indomptable, sans retour.

Misère!
et misère encore plus! À la fois me transpercent
l'aiguillon des pointes et le souvenir des malheurs.

LE CORYPHÉE

Rien d'étonnant que de pareilles peines
soient double deuil, double malheur.

ŒDIPE

Ô ami,
toi seul restes encore à mes côtés.
Consens encore à soigner un aveugle.

Éheu!
éheu, je ne me trompe pas, malgré mes ténèbres
je te reconnais et c'est bien ta voix.

LE CORYPHÉE

Quelle horreur tu as faite! comment as-tu osé
te détruire les yeux? quel dieu t'y poussa?

ŒDIPE

C'est Apollon, Apollon, mes amis
qui a fait ces malheurs, mes malheurs, mes souffrances.
Mais personne n'a frappé de sa main mes yeux
que moi-même, misère!

Que me fallait-il voir encore
quand plus rien ne m'était doux à voir?

Œdipe roi, in *Eschyle-Sophocle*, trad. J. Grosjean in *Tragiques grecs*,
Bibliothèque de la Pléiade, Éditions Gallimard, 1977.

Lire

1. Quel rôle joue exactement le Coryphée ? Quelles questions, parmi celles qu'il pose, sont au fond celles du public ?

2. Quel jeu de scène peut être déduit de la première tirade du Coryphée ?

3. À qui Œdipe pose-t-il ses questions, à votre avis ? au Coryphée ? aux dieux ? à lui-même ? Quels éléments du texte permettent d'étayer l'une ou l'autre réponse ?

Écrire

4. Relevez toutes les occurrences des dieux ou du destin. Dans quelle mesure, à votre avis, Œdipe rend-il les dieux responsables ? Dans quelle mesure, au contraire, est-il seul responsable ?

Vous expliquerez en une dizaine de lignes ce que les réponses à ces questions impliquent quant aux opinions religieuses de Sophocle.

5. Sigmund Freud a inventé le « complexe d'Œdipe », pour rendre compte des rapports compliqués entre le petit garçon et ses parents. Imaginez que le célèbre psychanalyste viennois voit entrer Œdipe en personne dans son cabinet. Comment se passerait la conversation ? Quelles éventuelles révélations le héros grec pourrait-il faire ? Quels seraient ses commentaires sur les théories de Freud ?

Chercher

6. Quel fut exactement le destin d'Œdipe ? À quels épisodes de sa vie fait-il ici allusion ?

7. Pourquoi Apollon est-il pour Œdipe responsable de ses malheurs ? Quel épisode de sa légende met en cause directement ce dieu ?

2 Euripide (480-406 av. J.-C.)

Électre (413)

Au retour de la guerre de Troie, le chef des Grecs, Agamemnon, pense retrouver la paix, sa femme Clytemnestre et ses enfants, Électre et Oreste. Mais Clytemnestre a profité de son absence (dix ans…) pour prendre pour amant Égisthe : tous deux assassinent Agamemnon et s'emparent du pouvoir. Oreste, qui a été emmené loin du palais par un serviteur, est présumé tué et Électre, qui est restée, se lamente sans cesse de la mort de son père.

ÉLECTRE

Presse le pas, car il est temps,
Marche, marche, tout en pleurant, ô douleur, ô douleur !

Mon père était Agamemnon,
me mit au monde Clytemnestre,
détestable fille de Tyndare.

« La malheureuse Électre »,
dit-on de moi dans la cité.
Pour moi, honteux labeurs, vie dégradante.
Et toi, mon père, tu gis dans l'Hadès,
victime de ta femme et victime d'Égisthe,
le roi Agamemnon !

Allons, réveille ta plainte éternelle,
rends-toi la volupté des larmes.

Presse le pas, car il est temps.
Marche, marche tout en pleurant, ô douleur, ô douleur !

Quelle ville ou quelle maison,
te tient asservi, pauvre frère,
depuis qu'au foyer des ancêtres

tu as laissé ta pauvre sœur
en proie au destin le plus douloureux.
Ah ! reviens pour m'en délivrer
– que Zeus, oui que Zeus m'entende –
pour venger ton père et sa mort infâme !
Que la route de ton exil
te ramène en Argos !

Que j'ôte à présent la cruche de ma tête
que monte vers mon père, répétée à l'aurore, la plainte de la nuit.
Père, j'envoie vers toi sous terre
le cri d'Hadès, le chant d'Hadès, avec l'hymne funèbre
auquel jour après jour je me consacre.
Et mes ongles lacèrent mon cou,
et je frappe ma tête rasée,
parce que tu es mort !

Oui, oui, meurtris-toi le visage !
Comme un cygne à grands cris, sur les rives d'un fleuve,
appelle son père bien-aimé,
ainsi, mon père infortuné, mort dans les nœuds de rets perfides,
je pleure sur ta mort.

Sur le dernier bain qui lava ton corps,
sur le lit déplorable où mort tu fus couché !
Douleur ! Fatales blessures frappées par la hache !
Fatale embuscade au retour de Troie.
Pour te recevoir ta femme n'avait diadèmes ni couronne
mais te livra, ô honte, au couteau aiguisé d'Égisthe
et celui que son lit recevait en secret
fut dès lors son époux.

Électre in *Tragiques grecs*, trad. M. Delcourt-Curvers,
Bibliothèque de la Pléiade, Éditions Gallimard, 1962.

Lire

1. Quels éléments, évoqués le plus souvent à travers des noms propres, rappellent l'histoire d'Agamemnon et de sa famille au spectateur ?

2. Qu'est-ce que « l'Hadès » (l. 9 et 29) pour les Grecs ? Comment appelle-t-on la figure de style qui consiste à désigner un lieu par le nom de celui qui l'occupe ?

3. Que signifie justement ces mots : « La malheureuse Électre » (l. 6) ? En quoi cette expression est-elle adaptée à la tragédie ? Quels mots, appartenant au même champ sémantique, insistent sur la même idée ?

4. Quels éléments du texte, gestes ou décor, permettent de mettre en scène ce monologue ?

Écrire

5. Quel mot qualifierait le mieux ce style de plaintes : lyrisme ? élégie ? tragique ? Justifiez votre réponse en donnant une brève définition de ces trois mots.

6. En quoi ce monologue a-t-il une fonction d'exposition ? Justifiez votre réponse en notant les éléments essentiels de rappel des faits antérieurs.

Chercher

7. Comment se termine la légende d'Électre et d'Oreste ? Que se passe-t-il à la fin de la pièce ? et après ?

3 Sénèque (1 av. J.-C. - 65 apr. J.-C.)

Phèdre (date inconnue)

Sénèque, philosophe et précepteur de l'empereur Néron (voir texte 8), est le meilleur représentant de la tragédie latine, très inspirée par le modèle grec, mais beaucoup plus sanglante.

Phèdre est mariée à Thésée, mais celui-ci est absent. Elle a résisté longtemps à l'amour qui la porte vers Hippolyte, le jeune fils de Thésée (d'un précédent mariage). Elle finit par avouer son amour au jeune homme.

HIPPOLYTE

Quel est donc ton mal ?

PHÈDRE

Un mal dont on ne croirait pas qu'une marâtre puisse être atteinte.

HIPPOLYTE

Tu lances d'une voix hésitante des mots obscurs. Parle ouvertement.

PHÈDRE

La flamme ardente d'une passion insensée brûle mon cœur : sa fureur bouillonne jusqu'au plus profond de mes moëlles et parcourt mes veines ; mes entrailles recèlent ce feu caché, cet amour secret, semblable à l'incendie dont les flammèches rapides courent à travers les lambris élevés [d'un édifice].

HIPPOLYTE

C'est sans doute ton chaste amour pour Thésée qui te jette dans ce délire ?

PHÈDRE

Oui, Hippolyte ; c'est cela. Ce sont les traits de Thésée que j'aime, ses traits de jadis, ceux qu'il avait encore adolescent quand ses joues virginales s'ombrageaient d'une barbe naissante, quand il visita la ténébreuse demeure du monstre de Cnosse[1] en tenant un long fil qui suivait tous les détours de sa route. Ah ! de quelle beauté il brillait alors ! Des bandelettes pressaient sa chevelure ; l'incarnat[2] de la pudeur teignait ses joues délicates ; ses jeunes bras avaient déjà des muscles vigoureux ; il avait le visage de ta Phébé[3] ou de mon Phébus[4] ou plutôt encore le tien – oui, il était bien tel, tel que cela, quand il plut à son ennemie même ; c'est ainsi qu'il levait fièrement la tête : mais tu brilles encore davantage dans ta beauté dénuée d'artifice ; ton père revit en toi tout entier et pourtant il se mêle également à cette ressemblance je ne sais quelle grâce un peu sauvage qui te vient de ta mère : oui, sur ton visage de Grec apparaît la rudesse [un peu farouche] d'un Scythe. Si tu étais entré avec ton père dans les eaux de la Crète, c'est à toi que ma sœur aurait plutôt destiné le fil de ses fuseaux. C'est toi, ma sœur, c'est toi que j'invoque, quelle que soit

1 Cnossos, capitale de la Crète.
2 Couleur rose chair.
3 La Nuit.
4 Le Soleil.

la partie du firmament où tu brilles, pour une cause semblable à la tienne : une seule famille nous a séduites toutes deux, ma sœur : toi le père, et moi le fils. *(À Hippolyte.)* Vois couchée suppliante, à tes genoux où elle tombe, la fille d'une royale maison ! Moi qui ne fus jamais souillée d'aucune tache, moi qui, jusqu'ici, suis restée pure et innocente, c'est pour toi seule que je me transforme [en coupable]. C'est bien résolument, va, que je me suis abaissée à ces prières : ce jour terminera ma douleur ou ma vie. Aie pitié d'une amante.

HIPPOLYTE

Ô puissant roi des dieux, avec quelle patience tu écoutes, tu contemples de tels forfaits ? Quand donc lanceras-tu la foudre de ta main redoutable, si à présent le ciel reste serein ? Que tout le ciel ébranlé se précipite et cache la lumière du jour sous de sombres nuages : que les étoiles se retournent, rebroussent chemin en suivant une carrière insolite. Et toi, dont la tête étincelle de rayons, Soleil, peux-tu donc contempler le crime de celle qui descend de toi ? Plonge ta clarté dans les ténèbres et fuis. Pourquoi ta droite ne frappe-t-elle pas, ô maître des dieux et des hommes, et pourquoi le ciel ne s'embrase-t-il pas de ta foudre aux trois pointes ? C'est moi qu'il faut foudroyer, percer, consumer de part en part de ta flamme rapide : c'est moi qui suis coupable : j'ai mérité de mourir, car j'ai plu à ma marâtre.

Phèdre, trad. L. Hermann, Les Belles Lettres, 1924.

Lire

1. « Mots obscurs » (l. 3), dit Hippolyte. Quelles expressions, dans la bouche de Phèdre, sont effectivement obscures ? À partir de quel moment s'exprime-t-elle « ouvertement » et déclare-t-elle son amour à Hippolyte ?

2. Relevez tous les termes qui permettent à l'auteur de filer la métaphore* du feu amoureux. Quels éléments sont particulièrement réalistes ?

3. «… à son ennemie même » (l. 17) : Phèdre fait ici allusion à sa sœur. Comment s'appelait-elle ?

4. Hippolyte mourra finalement. Quels éléments annoncent la fin de la pièce ?

Écrire

5. Phèdre décrit les symptômes d'une « passion ». Quel est le sens étymologique de ce mot ? Quels éléments du texte le rappellent ?

6. Vous trouverez au texte 10 l'adaptation que Racine a faite de ce passage. Quels éléments sont absolument semblables ? Quels éléments ont été transformés ?

7. Quels détails font de ce passage une scène typique de tragédie ? Vous analyserez successivement ce qui se rapporte aux dieux, au destin et à l'incommunicabilité entre les êtres.

Chercher

8. Voici un bref résumé des faits antérieurs à la pièce – à ceci près que certains noms propres manquent. Complétez ce récit, à l'aide d'un dictionnaire de la mythologie.

Thésée, fils du roi d'Athènes (...), s'est porté volontaire pour aller en (...) tuer le (...), monstre sanglant auquel Athènes verse un tribut annuel de jeunes gens et de jeunes filles. Reçu par le roi (...) et sa femme (...), il séduit leur fille (...), qui lui fournit un fil qui lui permettra de sortir du Labyrinthe construit par l'ingénieur (...). Après avoir tué le monstre, Thésée s'enfuit avec la jeune fille et sa petite sœur, Phèdre. Il abandonne l'aînée sur l'île de (...), où elle sera recueillie par le dieu (...), et rentre à Athènes avec Phèdre, qui le divertit si fort qu'il en oublie de changer les voiles noires, couleur de deuil, de son bateau, ce qui pousse son père au suicide. Plus tard, il part aux Enfers avec son ami (...), pour enlever (...), épouse du dieu (...). Pendant ce temps, Phèdre tombe amoureuse d'Hippolyte, fils de son mari...

9. Comment se termine cette sanglante histoire ?

10. Phèdre est poursuivie par Aphrodite/Vénus à cause d'une faute ancienne commise par son grand-père le Soleil. Quelle fut cette faute ? Comment Vénus s'était-elle dans un premier temps vengée sur la mère de Phèdre ?

4 William Shakespeare (1564-1616)

Roméo et Juliette, acte III, scène 5 (1594)

Juliette Capulet et Roméo Montaigu appartiennent à deux familles ennemies de la ville de Vérone, en Italie. Roméo masqué s'introduit par défi chez les Capulet et tombe amoureux de la toute jeune Juliette. Ils s'épousent secrètement, et passent une (unique) nuit, à la fin de laquelle Roméo doit absolument partir, pour Mantoue ; sa tête est mise à prix parce qu'il a tué le cousin de Juliette, qui avait lui-même tué son meilleur ami, Mercutio.

JULIETTE

Tu veux partir ? Ce n'est pas près d'être le jour.
C'était le rossignol[1] et non pas l'alouette
Qui a percé le fond craintif de ton oreille ;
Il chante la nuit sur ce grenadier ;
Crois-moi, amour, c'était le rossignol.

ROMÉO

C'était l'alouette messagère de l'aube
Et non le rossignol : vois quelles raies jalouses,
Amour,
Séparent les nuages dans l'orient lointain ;
Les cierges de la nuit sont brûlés, le gai matin
Fait des pointes sur les montagnes embrumées.
Il faut vivre et partir – ou mourir et rester.

JULIETTE

Cette clarté n'est pas le jour, moi je le sais.
C'est quelque météore que le soleil exhale
Pour qu'il soit ton porteur de torche en cette nuit
Et t'éclaire sur ta route de Mantoue.
Oh ! reste. Tu ne dois pas partir encore.

1 En anglais, le *nightingale*, comme son nom l'indique, chante plutôt la nuit.

ROMÉO

Que je sois donc saisi et mis à mort,
Je suis heureux, si c'est ta volonté.
Je dirai que ce gris n'est pas l'œil du matin
Mais seulement le pâle reflet du front de Cynthia[2] ;
Et ce n'est pas non plus l'alouette qui frappe
De ses notes le ciel voûté si haut sur nos têtes.
J'ai plus désir de rester que volonté de partir :
Viens mort, et bienvenue ! Juliette le veut ainsi.
Que dit mon âme ? Parlons encor. Ce n'est pas le jour.

JULIETTE

C'est lui, le jour ! Fuis, va-t'en, va-t'en vite !
Oui, c'est bien l'alouette qui chante faux
Et force sa note aiguë et discordante.
On dit que son chant fait de douces divisions[3],
Celle-ci n'en fait pas puisqu'elle nous divise ;
On dit que l'alouette et le crapaud hideux
Échangent leurs yeux ; maintenant, je voudrais
Qu'ils eussent fait aussi échange de leurs voix,
Puisque les bras loin des bras, cette voix nous effare,
Te chassant avec la fanfare de chasse du jour.
Oh ! pars. Il fait plus clair, toujours plus clair.

ROMÉO

Plus clair, toujours plus clair ;
Plus noire, toujours plus noire, notre désolation.

Roméo et Juliette in *Œuvres complètes*, t. II, trad. P. J. Jouve et G. Pitoëff, Bibliothèque de la Pléiade, Éditions Gallimard, 1959.

Lire

1. Le rossignol et l'alouette inaugurent deux séries antithétiques : lesquelles ?

2. Dans un second temps, retrouvez tous les éléments qui dans ce texte sont mis en opposition. En particulier, quelle est l'antithèse* d'« amour » ? Comment comprenez-vous les deux derniers vers ?

---

2 L'un des noms de la Lune.

3 Les trémolos de l'alouette ressemblent à la voix d'un chanteur qui monte la gamme.

3. Le grenadier (l. 4) est un arbre symbolique qui appartient à la légende de la déesse Perséphone. En quoi symbolise-t-il à lui seul les deux séries antithétiques ?
4. Montrez que le dernier mot, « désolation », prend un sens plus fort si l'on se réfère à son étymologie.

Écrire

5. Comment Juliette d'abord, et Roméo ensuite, expriment-ils le désir qu'ils ont l'un de l'autre ? Quels éléments contrarient ce désir ?
Vous montrerez comment à la fin de la scène chacun des deux protagonistes est sur les positions initiales de l'autre.
6. Quelle mise en scène imagineriez-vous, en tenant compte du fait que l'action se passe dans la chambre de Juliette ? Appuyez-vous sur des détails précis du texte pour conseiller à vos acteurs telle ou telle gestuelle. Que fait Roméo pendant cette scène ? et Juliette ?
Vous pouvez proposer plusieurs hypothèses, l'une comique, l'autre plus dramatique. Ne négligez pas pour autant le fait qu'il s'agit de la nuit de noces de jeunes gens amoureux.

Chercher

7. Comment se termine cette histoire célèbre ? Quels éléments en font la quintessence du drame élisabéthain ?
8. Quels autres couples célèbres symbolisent eux aussi la passion impossible ou malheureuse ?

5 Pedro Calderón de la Barca (1600-1681)

La vie est un songe, troisième journée (1634)

Le titre de cette pièce typique du théâtre baroque espagnol résume l'action : rien n'est absolument vrai ici-bas, tout est illusion. Sigismond, fils du roi de Pologne Basile, a été condamné par son père, sur la foi d'une prédiction astrale, à un enfermement

éternel dans un château isolé. Il y fait la connaissance de la belle Rosaure. Endormi artificiellement sur l'ordre de son père, qui veut le mettre à l'épreuve, Sigismond est transporté sur le trône, avant d'être remis en son premier état – si bien qu'il ne sait s'il rêve sa gloire présente ou s'il a rêvé sa déchéance passée – et vice versa.

SIGISMOND, *à part.* – Ciel ! s'il est vrai que je rêve, tenez en suspens ma mémoire, car il n'est pas possible que tant de choses entrent dans un rêve, Dieu me soit en aide ! Heureux qui saurait se tirer bien de toutes ou ne penser à aucune ! Vit-on jamais tant de peines et tant de doutes ? Si je n'ai fait que rêver la grandeur où je me suis vu, comment cette femme vient-elle à présent m'en rappeler des détails si précis ? C'était donc vérité et non pas rêve ? Et si c'était vérité (nouvelle confusion, hélas ! et non moindre que la première), comment l'appelai-je un rêve ?

La gloire est-elle donc si semblable à un rêve, que la plus vraie est tenue pour menteuse et la plus fausse pour certaine ? Y a-t-il si peu de différence de l'une à l'autre, que l'on se demande si ce que l'on voit, ce dont on jouit est mensonge ou vérité ? La copie ressemble-t-elle si fort à l'original, que l'on doute si elle n'est, en effet, que la copie ?

Si donc il en est ainsi, s'il faut s'attendre à voir s'évanouir dans l'ombre la grandeur et la puissance, la pompe et la majesté, sachons profiter de ce moment qui nous appartient, puisqu'on ne jouit de tout cela que pendant l'heure fugitive d'un songe. Rosaura est en mon pouvoir, mon âme adore sa beauté, mettons à profit l'occasion ; que l'amour méconnaisse les lois de la valeur et de la confiance qui l'ont amenée à mes pieds. Ceci est un rêve, et puisque c'est un rêve, rêvons au bonheur à présent ; viendra assez tôt le tour du chagrin.

Mais mes propres paroles de nouveau parviennent à me convaincre moi-même. Si ce n'est qu'un rêve, si ce n'est qu'une vaine gloire, qui donc pour une gloire humaine consent à perdre une gloire divine ? Quel bien passé est plus que songe ? Qui a joui de félicités grandioses et ne s'est dit en lui-même, en les ressassant dans sa mémoire : « Tout ce que j'ai vu là, évidemment je l'ai rêvé. » Donc, si cela relève aussi du désabusement, si le désir est une belle flamme que convertit en cendres le premier vent qui souffle, allons à ce qui est éternel, gloire impérissable, où ni les félicités ne s'évanouissent, ni les grandeurs ne s'effacent.

La vie est un songe, trad. A. de la Tour et D. Souiller, LGF, 1996.

Lire

1. Comment est composé ce monologue ? Quels repères rhétoriques et grammaticaux (mots de liaison, temps verbaux, etc.) permettent de suivre le raisonnement compliqué du héros ?

2. Notez toutes les occurrences de vérité et de rêve. Quels événements de sa vie Sigismond confronte-t-il à cette double hypothèse de la vérité ou du songe ? Quelles conclusions en tire-t-il ?

3. Les questions que se pose Sigismond portent essentiellement sur la gloire. En quoi la problématique qu'il développe à ce sujet est-elle une prise de position critique de Calderón sur un sujet alors fort sensible ?

Écrire

4. En quoi ce texte est-il typique de l'esthétique baroque ? Appuyez-vous, pour répondre, sur l'analyse du théâtre de la première moitié du XVIIe siècle, p. 24.

Chercher

5. « Mourir, dormir, dormir… rêver peut-être… » : quelle pièce légèrement antérieure à celle de Calderón développe (à l'acte III, scène 1) une problématique équivalente sur le thème : « Être ou ne pas être… » ?

6 Pierre Corneille (1606-1684)

L'Illusion comique, acte V, scènes 4 et 5 (1636)

Pridamant cherche Clindor, son fils disparu, et s'adresse, en désespoir de cause, au magicien Alcandre. Celui-ci, dans une vision complexe qui occupe les trois actes centraux de la pièce, lui montre les diverses aventures qu'a vécues Clindor – jusqu'à ce que le père déconcerté, inquiet, s'aperçoive, dans l'ultime scène de la pièce, qu'il a assisté à une représentation, et que son fils est comédien.

SCÈNE 4 – CLINDOR, *représentant Théagène*; ISABELLE, *représentant Hippolyte*[1] ; LYSE, *représentant Clarine*; ÉRASTE ; TROUPE DE DOMESTIQUES DE FLORILAME

ÉRASTE, *poignardant Clindor.*
Reçois, traître, avec joie
Les faveurs que par nous ta maîtresse t'envoie.

PRIDAMANT, *à Alcandre.*
On l'assassine, ô Dieux ! daignez le secourir.

ÉRASTE
Puissent les suborneurs[2] ainsi toujours périr !

ISABELLE
Qu'avez-vous fait, bourreaux !

ÉRASTE
Un juste et grand exemple,
Qu'il faut qu'avec effroi tout l'avenir contemple,
Pour apprendre aux ingrats, aux dépens de son sang,
À n'attaquer jamais l'honneur d'un si haut rang.
Notre main a vengé le prince Florilame,
La princesse outragée, et vous-même, Madame,
Immolant à tous trois un déloyal époux,
Qui ne méritait pas la gloire d'être à vous.
D'un si lâche attentat souffrez le prompt supplice,
Et ne vous plaignez point quand on vous rend justice.
Adieu.

ISABELLE
Vous ne l'avez massacré qu'à demi :
Il vit encor en moi ; soûlez[3] son ennemi ;
Achevez, assassins, de m'arracher la vie.
Cher époux, en mes bras on te l'a donc ravie !
Et de mon cœur jaloux les secrets mouvements

1 Le prénom d'Hippolyte pouvait indifféremment être masculin ou féminin.
2 Séducteurs.
3 Contentez.

N'ont pu rompre ce coup par leurs pressentiments !
Ô clarté trop fidèle, hélas ! et trop tardive,
Qui ne fait voir le mal qu'au moment qu'il arrive !
Fallait-il… Mais j'étouffe, et, dans un tel malheur,
Mes forces et ma voix cèdent à ma douleur ;
Son vif excès me tue ensemble et me console,
Et puisqu'il nous rejoint…

LYSE

Elle perd la parole.
Madame… Elle se meurt ; épargnons les discours,
Et courons au logis appeler du secours.

Ici on rabaisse une toile qui couvre le jardin et les corps de Clindor et d'Isabelle, et le magicien et le père sortent de la grotte.

SCÈNE 5 – ALCANDRE, PRIDAMANT

ALCANDRE

Ainsi de notre espoir la fortune se joue :
Tout s'élève ou s'abaisse au branle[4] de sa roue ;
Et son ordre inégal, qui régit l'univers,
Au milieu du bonheur a ses plus grands revers.

PRIDAMANT

Cette réflexion, mal propre pour un père,
Consolerait peut-être une douleur légère ;
Mais après avoir vu mon fils assassiné,
Mes plaisirs foudroyés, mon espoir ruiné,
J'aurais d'un si grand coup l'âme bien peu blessée,
Si de pareils discours m'entraient dans la pensée.
Hélas ! dans sa misère il ne pouvait périr ;
Et son bonheur fatal lui seul l'a fait mourir.
N'attendez pas de moi des plaintes davantage :
La douleur qui se plaint cherche qu'on la soulage ;
La mienne court après son déplorable sort.
Adieu ; je vais mourir, puisque mon fils est mort.

4 Mouvement.

ALCANDRE

D'un juste désespoir l'effort est légitime,
Et de le détourner je croirais faire un crime.
Oui, suivez ce cher fils sans attendre à demain ;
Mais épargnez du moins ce coup à votre main ;
Laissez faire aux douleurs qui rongent vos entrailles,
Et pour les redoubler voyez ses funérailles.

Ici on relève la toile, et tous les comédiens paraissent avec leur portier, qui comptent de l'argent sur une table, et en prennent chacun leur part.

PRIDAMANT

Que vois-je ? chez les morts compte-t-on de l'argent ?

ALCANDRE

Voyez si pas un d'eux s'y montre négligent.

PRIDAMANT

Je vois Clindor ! ah Dieux ! quelle étrange surprise !
Je vois ses assassins, je vois sa femme et Lyse !
Quel charme[5] en un moment étouffe leurs discords[6],
Pour assembler ainsi les vivants et les morts ?

ALCANDRE

Ainsi tous les acteurs d'une troupe comique,
Leur poëme récité, partagent leur pratique[7] :
L'un tue, et l'autre meurt, l'autre vous fait pitié ;
Mais la scène préside à leur inimitié.
Leurs vers font leurs combats, leur mort suit leurs paroles,
Et, sans prendre intérêt en pas un de leurs rôles,
Le traître et le trahi, le mort et le vivant,
Se trouvent à la fin amis comme devant.
Votre fils et son train ont bien su, par leur fuite,
D'un père et d'un prévôt éviter la poursuite ;
Mais tombant dans les mains de la nécessité,
Ils ont pris le théâtre en cette extrémité.

5 Sortilège.
6 Désaccords.
7 Bénéfices.

PRIDAMANT
Mon fils comédien !

ALCANDRE
D'un art si difficile
Tous les quatre, au besoin, ont fait un doux asile ;
Et depuis sa prison, ce que vous avez vu,
Son adultère amour, son trépas imprévu,
N'est que la triste fin d'une pièce tragique
Qu'il expose aujourd'hui sur la scène publique,
Par où ses compagnons en ce noble métier
Ravissent à Paris un peuple tout entier.

Lire

1. «… les faveurs que par nous ta maîtresse t'envoie» (v. 2) : de quelles «faveurs» s'agit-il ? Comment appelle-t-on la figure de style qui dit l'inverse de ce que l'on veut signifier ? Quelle est sa valeur ?

2. Comment comprenez-vous : «Tout s'élève ou s'abaisse au branle de sa roue» (v. 30) ?

3. En vous référant à l'étymologie des termes, montrez que «bonheur fatal» (v. 40) est un oxymore*.

4. Après le vocabulaire tragique des premières répliques, relevez les mots de vocabulaire «bas*», dans la seconde moitié du texte, qui ont davantage leur place dans une pièce comique.

5. Comment comprenez-vous le titre de la pièce ?

6. Quel vers permet de mettre en situation la pièce par rapport au lieu où elle était effectivement représentée pour la première fois ?

Écrire

7. En quoi les premières répliques sont-elles la parodie d'une tragédie ? Montrez que Corneille a rassemblé en quelques vers tous les éléments nécessaires à un dénouement tragique, et expliquez quelle impression naît de cette accumulation. Pensez-vous que Corneille, au fond, se moque de lui-même – et de ses contemporains, si friands de spectaculaire ?

8. Caractérisez les personnages de Clindor/Théagène et d'Isabelle/Hippolyte. En quoi sont-ils des personnages tragiques ?

Qu'est-ce qui, dans leurs discours, appartient au vocabulaire de la tragédie ?

9. À partir des indications qui vous sont données dans les premières répliques, racontez ce qui s'est passé dans la pièce dont nous ne voyons ici que la fin. Vous pourrez, à votre gré, accumuler les situations dramatiques et les coups de théâtre, pourvu que votre récit soit cohérent avec la fin ici décrite.

Chercher

10. Comment appelle-t-on le procédé (littéraire et artistique) qui consiste à inclure la représentation dans la représentation ? Quel vers, en particulier, insiste sur le fait que ce qui est représenté ici n'est au fond que du théâtre ? Quels exemples, familiers ou plus savants, connaissez-vous de ce procédé d'inclusion ? Quelle est la morale qui se dégage de tels emboîtements ?

7 Molière (1622-1673)

Tartuffe ou l'Imposteur, acte I, scène 5 (1664)

Orgon, riche bourgeois dévot, raconte à son beau-frère comment il a ramené chez lui ce Tartuffe dont tout le monde parle mais que nous n'avons pas encore vu. C'est, en un sens, une scène d'exposition continuée.

ORGON

Ha ! si vous aviez vu comme j'en fis rencontre,
Vous auriez pris pour lui l'amitié que je montre.
Chaque jour à l'église il venoit, d'un air doux,
Tout vis-à-vis de moi se mettre à deux genoux.
Il attiroit les yeux de l'assemblée entière
Par l'ardeur dont au Ciel il poussoit sa prière ;
Il faisoit des soupirs, de grands élancements,
Et baisoit humblement la terre à tous moments ;

Et lorsque je sortois, il me devançoit vite,
Pour m'aller à la porte offrir de l'eau bénite.
Instruit par son garçon, qui dans tout l'imitoit,
Et de son indigence, et de ce qu'il étoit,
Je lui faisois des dons ; mais avec modestie
Il me vouloit toujours en rendre une partie.
« C'est trop, me disoit-il, c'est trop de la moitié ;
Je ne mérite pas de vous faire pitié » ;
Et quand je refusois de le vouloir reprendre,
Aux pauvres, à mes yeux, il alloit le répandre.
Enfin le Ciel chez moi me le fit retirer,
Et depuis ce temps-là tout semble y prospérer.
Je vois qu'il reprend tout, et qu'à ma femme même
Il prend, pour mon honneur, un intérêt extrême ;
Il m'avertit des gens qui lui font les yeux doux,
Et plus que moi six fois il s'en montre jaloux.
Mais vous ne croiriez point jusqu'où monte son zèle :
Il s'impute à péché la moindre bagatelle ;
Un rien presque suffit pour le scandaliser ;
Jusque-là qu'il se vint l'autre jour accuser
D'avoir pris une puce en faisant sa prière,
Et de l'avoir tuée avec trop de colère.

Lire

1. Que signifie dans le texte : « indigence » (v. 12), « zèle » (v. 25), « s'impute » (v. 26) ?

2. À quelle fréquence Orgon se rend-il à la messe ?

3. Quels éléments, dans cette tirade, peuvent être qualifiés de « communication silencieuse » ? Comment Tartuffe séduit-il Orgon ?

4. Quelles attitudes de Tartuffe sont exagérées, même pour le XVIIe siècle ?

5. Quelle est la valeur des imparfaits dans la première moitié du texte ? Quelle expression adverbiale explicite cet aspect particulier ?

6. Quels éléments qui préparent la suite sont d'ores et déjà mis en place ?

Écrire

7. Racontez la même histoire du point de vue de Tartuffe.

8. Pensez-vous que le langage des gestes soit important dans la communication et puisse parfois se substituer au langage oral ? Vous étayerez votre raisonnement d'exemples précis.

Chercher

9. La représentation de *Tartuffe* a déclenché une « querelle » sanglante, où les ennemis de Molière s'en sont pris violemment au dramaturge. Quelles en furent les péripéties essentielles ? Le roi est-il intervenu ? Comment ?

8 Jean Racine (1639-1699)

Britannicus, acte II, scène 2 (1669)

***Britannicus* est le portrait d'un « monstre naissant », l'empereur Néron, et non celui du héros-titre, jeune homme amoureux de Junie. Jaloux de son demi-frère Britannicus, qu'il fera finalement assassiner, l'empereur a fait enlever sa fiancée. Il raconte à son confident Narcisse les circonstances de cet enlèvement.**

NÉRON

Narcisse, c'en est fait, Néron est amoureux.

NARCISSE

Vous ?

NÉRON

Depuis un moment, mais pour toute ma vie,
J'aime, que dis-je, aimer ? j'idolâtre Junie !

NARCISSE

Vous l'aimez ?

NÉRON

Excité d'un désir curieux,
Cette nuit je l'ai vue arriver en ces lieux,
Triste, levant au ciel ses yeux mouillés de larmes,
Qui brillaient au travers des flambeaux et des armes,
Belle, sans ornements, dans le simple appareil[1]
D'une beauté qu'on vient d'arracher au sommeil.
Que veux-tu ? Je ne sais si cette négligence,
Les ombres, les flambeaux, les cris et le silence,
Et le farouche aspect de ses fiers ravisseurs,
Relevaient de ses yeux les timides douceurs,
Quoi qu'il en soit, ravi d'une si belle vue,
J'ai voulu lui parler, et ma voix s'est perdue :
Immobile, saisi d'un long étonnement[2],
Je l'ai laissé passer dans son appartement.
J'ai passé dans le mien. C'est là que, solitaire,
De son image en vain j'ai voulu me distraire.
Trop présente à mes yeux je croyais lui parler,
J'aimais jusqu'à ses pleurs que je faisais couler.
Quelquefois, mais trop tard, je lui demandais grâce ;
J'employais les soupirs, et même la menace.
Voilà comme, occupé de mon nouvel amour,
Mes yeux, sans se fermer, ont attendu le jour.
Mais je m'en fais peut-être une trop belle image,
Elle m'est apparue avec trop d'avantage :
Narcisse, qu'en dis-tu ?

Lire

1. Quelle est la valeur exacte du « vous » exclamatif et interrogatif de Narcisse (v. 2) ?

2. « Dans le simple appareil d'une beauté qu'on vient d'arracher au sommeil » (v. 8-9) : que signifie cette description contournée ? Comment appelle-t-on cette figure de style, qui fait le tour d'un mot sans le nommer ? Quel est le mot, contraire aux bienséances*, qu'évite ici Racine ?

1 Costume.
2 Stupéfaction, sidération.

3. Quels mots évoquent ici la contrainte par force ?

4. Quels mots racontent la « sidération » de Néron ?

5. « J'aimais jusqu'à ses pleurs que je faisais couler » (v. 21) : quel caractère de Néron se révèle ici ?

6. « Elle m'est apparue avec trop d'avantage » (v. 27) : quels « avantages » de Junie ont été mis en valeur ici ?

7. Le mot « image » apparaît deux fois dans ce texte. Quelle est, à chaque fois, sa valeur exacte ? Néron tombe-t-il amoureux de la « vraie » Junie ?

Écrire

8. Que raconte exactement cette scène ? Quelles sont les étapes du processus amoureux dans lequel tombe Néron ?

Chercher

9. Qui était Néron ? Quels faits, et quelles légendes, s'attachent à cet empereur romain qui a vécu de 37 à 68 apr. J.-C. ?

9 Molière (1622-1673)

Les Fourberies de Scapin, acte III, scène 2 (1671)

Scapin, valet de Géronte, a un compte à régler avec son maître. Il invente donc une histoire pour se venger de lui. Il fait croire à Géronte que plusieurs hommes armés le cherchent pour le tuer, et lui suggère de se dissimuler dans un sac qu'il porte sur son épaule.

SCAPIN

Cachez-vous : voici un spadassin[1] qui vous cherche. *(En contrefaisant sa voix.)* « Quoi ? jé n'aurai pas l'abantage dé mer cé Géronte, et quelqu'un par charité né m'enseignera pas où il est ? » *(À Géronte de sa voix ordinaire.)* Ne branlez pas. *(Reprenant son ton contrefait.)* « Cadédis, jé lé trouberai, sé cachât-il au centre dé la terre. » *(À Géronte avec son ton naturel.)* Ne vous montrez pas. *(Tout le langage*

1 Homme d'épée (*spada*, en italien).

gascon est supposé de celui qu'il contrefait, et le reste de lui.) « Oh, l'homme au sac ! » Monsieur. « Jé té vaille un louis, et m'enseigne où put être Géronte. » Vous cherchez le seigneur Géronte ? « Oui, mordi ! jé lé cherche. » Et pour quelle affaire, Monsieur ? « Pour quelle affaire ? » Oui. « Jé beux, cadédis, lé faire mourir sous les coups de vaton. » Oh ! Monsieur, les coups de bâton ne se donnent point à des gens comme lui, et ce n'est pas un homme à être traité de la sorte. « Qui, cé fat dé Géronte, cé maraut, cé velître ? » Le seigneur Géronte, Monsieur, n'est ni fat, ni maraud, ni belître, et vous devriez, s'il vous plaît, parler d'autre façon. « Comment, tu mé traites, à moi, avec cette hautur ? » Je défends, comme je dois, un homme d'honneur qu'on offense. « Est-ce que tu es des amis dé cé Géronte ? » Oui, Monsieur, j'en suis. « Ah ! cadédis, tu es de ses amis, à la vonne hure. » *(Il donne plusieurs coups de bâton sur le sac.)* « Tiens. Boilà cé que jé té vaille pour lui. » Ah, ah, ah ! ah, Monsieur ! Ah, ah, Monsieur ! tout beau. Ah, doucement, ah, ah, ah ! « Va, porte-lui cela de ma part. Adiusias. » Ah ! diable soit le Gascon Ah ! *(En se plaignant et remuant le dos, comme s'il avoit reçu les coups de bâton.)*

GÉRONTE, *mettant la tête hors du sac.*

Ah ! Scapin, je n'en puis plus !

SCAPIN

Ah ! Monsieur, je suis tout moulu, et les épaules me font un mal épouvantable.

GÉRONTE

Comment ? c'est sur les miennes qu'il a frappé.

SCAPIN

Nenni, Monsieur, c'étoit sur mon dos qu'il frappoit.

GÉRONTE

Que veux-tu dire ? J'ai bien senti les coups, et les sens bien encore.

SCAPIN

Non, vous dis-je, ce n'est que le bout du bâton qui a été jusque sur vos épaules.

GÉRONTE

Tu devois donc te retirer un peu plus loin, pour m'épargner…

SCAPIN *lui remet la tête dans le sac.*

Prenez garde. En voici un autre qui a la mine d'un étranger. *(Cet endroit est de même celui du Gascon, pour le changement de langage, et le jeu de théâtre.)* « Parti ! moi courir comme une Basque, et moi ne pouvre point troufair de tout le jour sti tiable de Gironte ? » Cachez-vous bien. « Dites-moi un peu fous, Monsir l'homme, s'il ve plaist, fous savoir point où l'est sti Gironte que moi cherchait ? » Non, Monsieur, je ne sais point où est Géronte. « Dites-moi-le vous frenchemente, moi li fouloir pas grande chose à lui. L'est seulemente pour li donnair un petite régale sur le dos d'un douzaine de coups de bastonne, et de trois ou quatre petites coups d'épée au trafers de son poitrine. » Je vous assure, Monsieur, que je ne sais pas où il est. « Il me semble que j'y foi remuair quelque chose dans sti sac. » Pardonnez-moi, Monsieur. « Li est assurémente quelque histoire là tetans. » Point du tout, Monsieur. « Moi l'avoir enfie de tonner ain coup d'épée dans ste sac. » Ah ! Monsieur, gardez-vous-en bien. « Montre-le-moi un peu fous ce que c'estre là. » Tout beau, Monsieur. « Quement ? tout beau ? » Vous n'avez que faire de vouloir voir ce que je porte. « Et moi, je le fouloir foir, moi. » Vous ne le verrez point. « Ahi que de badinemente ! » Ce sont hardes qui m'appartiennent. « Montre-moi fous, te dis-je. » Je n'en ferai rien. « Toi ne faire rien ? » Non. « Moi pailler de ste bastonne dessus les épaules de toi. » Je me moque de cela. « Ah ! toi faire le trole. » Ahi, ahi, ahi ; ah, Monsieur, ah, ah, ah, ah. « Jusqu'au refoir : l'estre là un petit leçon pour li apprendre à toi à parlait insolentemente ! » Ah ! peste soit du baragouineux ! Ah !

GÉRONTE, *sortant sa tête du sac.*

Ah ! je suis roué !

SCAPIN

Ah ! je suis mort !

GÉRONTE

Pourquoi diantre faut-il qu'ils frappent sur mon dos ?

SCAPIN, *lui remettant sa tête dans le sac.*

Prenez garde, voici une demi-douzaine de soldats tout ensemble. *(Il contrefait plusieurs personnes ensemble.)* « Allons, tâchons à trouver ce Géronte, cherchons partout. N'épargnons point nos pas. Courons toute la ville. N'oublions aucun lieu. Visitons tout. Furetons de tous les côtés. Par où irons-nous ? Tournons par là. Non, par ici. À gauche. À droit. Nenni. Si fait. »

Cachez-vous bien. « Ah ! camarades, voici son valet. Allons, coquin, il faut que tu nous enseignes où est ton maître. » Eh ! Messieurs, ne me maltraitez point. « Allons, dis-nous où il est. Parle. Hâte-toi. Expédions. Dépêche vite. Tôt. » Eh ! Messieurs, doucement. *(Géronte met doucement la tête hors du sac et aperçoit la fourberie de Scapin.)* « Si tu ne nous fais trouver ton maître tout à l'heure, nous allons faire pleuvoir sur toi une ondée de coups de bâton. » J'aime mieux souffrir toute chose que de vous découvrir mon maître. « Nous allons t'assommer. » Faites tout ce qu'il vous plaira. « Tu as envie d'être battu. » Je ne trahirai point mon maître. « Ah ! tu en veux tâter ? Voilà... » Oh !
(Comme il est prêt de frapper, Géronte sort du sac, et Scapin s'enfuit).

GÉRONTE

Ah, infâme ! ah, traître ! ah, scélérat ! C'est ainsi que tu m'assassines.

Lire

1. Quelles sont les diverses nationalités de ceux dont Scapin contrefait la voix ? Outre les indications précises du texte, quelles intonations reproduites à l'écrit vous mettent sur la piste ?

2. « fat », « maraud », « belître » (l. 12-13) : quel est le sens de ces insultes ?

3. Quelles sont les didascalies* dont Molière n'a pas cru bon d'encombrer son texte, parce qu'elles vont de soi ?

Écrire

4. Vous montrerez, en vous appuyant sur des exemples précis, que cette scène est un résumé de l'art du comédien. Quelles sont les qualités que doit posséder celui qui joue Scapin ?

5. Dans quelle mesure cette scène peut-elle passer pour un exemple parfait de farce ? Reprenez ce qu'il en est dit p. 47, et cherchez dans les tirades de Scapin ce qui illustre la définition du genre.

Chercher

6. On a beaucoup reproché à Molière, en 1671, d'être retombé dans la farce, lui qui venait de donner plusieurs comédies plus « sérieuses ». Lesquelles ?

10 Jean Racine (1639-1699)

Phèdre, acte II, scène 5 (1677)

Hippolyte n'est guère conscient de l'amour qu'il inspire à sa belle-mère. Cette dernière finit par le lui avouer (voir texte 3).

PHÈDRE

Oui, Prince, je languis, je brûle pour Thésée.
Je l'aime, non point tel que l'ont vu les enfers,
Volage adorateur de mille objets[1] divers,
Qui va du dieu des morts déshonorer la couche,
Mais fidèle, mais fier, et même un peu farouche,
Charmant, jeune, traînant tous les cœurs après soi,
Tel qu'on dépeint nos dieux, ou tel que je vous voi.
Il avait votre port, vos yeux, votre langage,
Cette noble pudeur colorait son visage,
Lorsque de notre Crète il traversa les flots,
Digne sujet des vœux des filles de Minos.
Que faisiez-vous alors ? Pourquoi, sans Hippolyte,
Des héros de la Grèce assembla-t-il l'élite ?
Pourquoi, trop jeune encor, ne pûtes-vous alors
Entrer dans le vaisseau qui le mit sur nos bords ?
Par vous aurait péri le monstre de la Crète,
Malgré tous les détours de sa vaste retraite.
Pour en développer l'embarras incertain,
Ma sœur du fil fatal eût armé votre main.
Mais non, dans ce dessein je l'aurais devancée.
L'amour m'en eût d'abord inspiré la pensée.
C'est moi, Prince, c'est moi, dont l'utile secours
Vous eût du Labyrinthe enseigné les détours.
Que de soins m'eût coûtés cette tête charmante !
Un fils n'eût point assez rassuré votre amante :
Compagne du péril qu'il vous fallait chercher,
Moi-même devant vous j'aurais voulu marcher,

1 Femmes. Thésée passe pour un grand collectionneur.

Et Phèdre au labyrinthe avec vous descendue
Se serait avec vous retrouvée ou perdue.

HIPPOLYTE

Dieux ! qu'est-ce que j'entends ? Madame, oubliez-vous
Que Thésée est mon père, et qu'il est votre époux ?

PHÈDRE

Et sur quoi jugez-vous que j'en perds la mémoire,
Prince ? Aurais-je perdu tout le soin de ma gloire ?

HIPPOLYTE

Madame, pardonnez. J'avoue, en rougissant,
Que j'accusais à tort un discours innocent.
Ma honte ne peut plus soutenir votre vue,
Et je vais…

PHÈDRE

Ah ! cruel, tu m'as trop entendue !
Je t'en ai dit assez pour te tirer d'erreur
Eh bien ! connais donc Phèdre et toute sa fureur.
J'aime. Ne pense pas qu'au moment que je t'aime,
Innocente à mes yeux, je m'approuve moi-même,
Ni que du fol amour qui trouble ma raison,
Ma lâche complaisance ait nourri le poison.
Objet infortuné des vengeances célestes,
Je m'abhorre encor plus que tu ne me détestes.
Les dieux m'en sont témoins, ces dieux qui dans mon flanc
Ont allumé le feu fatal à tout mon sang ;
Ces dieux qui se sont fait une gloire cruelle
De séduire le cœur d'une faible mortelle.

Lire

1. Dans les quatre premiers vers, Phèdre évoque la descente de Thésée aux Enfers. Quel en était l'objet (voir texte 3) ?

2. Quel procédé de versification permet d'unifier les trois adjectifs au vers 5 ?

3. À partir de quel vers, l'assimilation du jeune homme à son père commence-t-elle ? À quel moment devient-elle limpide ?

4. Quel mode verbal permet l'assimilation d'Hippolyte à son père ? Soulignez toutes les occurrences de cette forme.

5. En quoi le dernier mot de cette tirade est-il un jeu de mots ? Quelle est sa valeur métaphorique ?

6. Dans l'ultime tirade de Phèdre, quels mots assimilent à nouveau l'amour à une maladie ?

Écrire

7. Retrouvez dans cette tirade tous les éléments qui évoquent pour le spectateur la légende de Thésée et du Minotaure.

8. Que peut représenter, symboliquement, le Labyrinthe ? Quels éléments, dans cette tirade, nous autorisent à penser qu'il a une valeur métaphorique ? Vous étayerez votre analyse d'exemples précis.

9. Que pensez-vous de l'attitude d'Hippolyte ?

Dans un second temps, imaginez le discours intérieur du jeune homme pendant l'aveu de sa belle-mère.

10. Vous trouverez dans le texte 3 la tirade originelle de la tragédie de Sénèque que Racine a adaptée dans ce passage. Quels éléments sont absolument semblables ? Quels éléments ont été transformés ? Quelle règle a-t-il suivie, à votre avis, dans son choix ?

Chercher

11. Un jeune héros de l'*Ancien Testament* (*Genèse*, 39, 1-20), Joseph, a connu la même mésaventure qu'Hippolyte. Dans quelles circonstances ?

Dans quelle mesure cette concordance littéraire pouvait-elle influer sur la vision de la pièce de Racine au XVIIe siècle ?

11 Voltaire (1694-1778)

Œdipe, acte V, scène 6 (1718)

Voltaire s'est voulu, avant tout, auteur de théâtre et a connu quelques très grands succès. Sa première pièce, *Œdipe,* lui vaut cependant d'être embastillé quelque temps : le Régent Philippe d'Orléans avait vu, dans l'anecdote du récit développé par l'auteur, une allusion transparente à la liaison incestueuse affichée qu'il menait avec l'une de ses filles…

Nous sommes ici à l'extrême fin de la pièce : pour le détail de la légende d'Œdipe, voir le texte 21.

LE GRAND PRÊTRE

Peuples, un calme heureux écarte les tempêtes,
Un soleil plus serein se lève sur vos têtes ;
Les feux contagieux ne sont plus allumés ;
Vos tombeaux qui s'ouvraient sont déjà refermés ;
La mort fuit, et le dieu du ciel et de la terre
Annonce ses bontés par la voix du tonnerre.

Ici on entend gronder la foudre, et on voit briller les éclairs

JOCASTE

Quels éclats ! ciel ! où suis-je ? et qu'est-ce que j'entends ?
Barbares !…

LE GRAND PRÊTRE

C'en est fait, et les dieux sont contents.
Laïus[1] du sein des morts cesse de vous poursuivre,
Il vous permet encor de régner et de vivre ;
Le sang d'Œdipe enfin suffit à son courroux.

---

1 Graphie voltairienne de Laïos.

LE CHŒUR

Dieux !

JOCASTE

Ô mon fils ! hélas ! dirai-je mon époux ?
Ô des noms les plus chers assemblage effroyable !
Il est donc mort ?

LE GRAND PRÊTRE

Il vit, et le sort qui l'accable
Des morts et des vivants semble le séparer ;
Il s'est privé du jour avant que d'expirer.
Je l'ai vu dans ses yeux enfoncer cette épée
Qui du sang de son père avait été trempée ;
Il a rempli son sort, et ce moment fatal
Du salut des Thébains est le premier signal.
Tel est l'ordre du ciel, dont la fureur se lasse ;
Comme il veut, aux mortels il fait justice ou grâce ;
Ses traits sont épuisés sur ce malheureux fils.
Vivez, il vous pardonne.

JOCASTE

Et moi, je me punis.

Elle se frappe.

Par un pouvoir affreux réservée à l'inceste,
La mort est le seul bien, le seul dieu qui me reste.
Laïus, reçois mon sang, je te suis chez les morts ;
J'ai vécu vertueuse, et je meurs sans remords.

LE CHŒUR

Ô malheureuse reine ! ô destin que j'abhorre[2] !

JOCASTE

Ne plaignez que mon fils, puisqu'il respire encore.

2 Déteste.

Prêtres, et vous Thébains, qui fûtes mes sujets,
Honorez mon bûcher, et songez à jamais
Qu'au milieu des horreurs du destin qui m'opprime,
J'ai fait rougir les dieux qui m'ont forcée au crime.

Lire

1. Comment comprenez-vous : « Il a rempli son sort » (v. 19) ? Dans quelle mesure est-ce là une remarque typique de la tragédie ?

2. Dans quelle mesure les diverses allusions à la divinité mélangent le Panthéon grec et le Dieu chrétien ? Analysez chaque référence.

3. Quel est le rôle du Chœur* ici ? Est-il le même que celui du Coryphée dans la tragédie grecque (voir texte 1) ? Dans quelle mesure représente-t-il les spectateurs ?

4. Comment comprenez-vous le dernier vers ?

5. Pourquoi, à votre avis, le destin sanglant d'Œdipe est-il raconté et la mort de Jocaste montrée ? Est-ce pour pouvoir la faire paraître sur scène à ses derniers instants que Voltaire a modifié la façon dont elle se tue ?

Écrire

6. Plusieurs mots ou expressions font allusion au sort ou au destin – ou aux dieux. Reprenez-les un à un et analysez-les dans la perspective tragique : Voltaire respecte-t-il les grandes lois du genre ? (Reportez-vous à l'analyse de la tragédie, p. 46.)

7. La tragédie doit faire éprouver au spectateur de la terreur* et de la pitié* (voir p. 14). Est-ce le cas ici, et plus généralement dans les tragédies évoquées dans ce recueil ? Vous appuierez votre raisonnement d'exemples précis empruntés aux textes cités dans cet ouvrage.

Chercher

8. Quelle variation sur la légende Voltaire s'est-il autorisée pour la mort de Jocaste ? À quelles fins ?

9. À l'époque de rédaction de la pièce, à quels événements historiques récents les premiers propos du grand Prêtre pouvaient-ils faire allusion ?

12 Marivaux (1688-1763)

L'Île des esclaves, scènes 1 et 2 (1725)

Iphicrate et Arlequin font naufrage sur l'Île des esclaves, peuplée d'anciens esclaves qui se sont constitué un gouvernement où les anciens maîtres sont les serviteurs de leurs serviteurs – une sorte de monde inversé.

SCÈNE 1

IPHICRATE. – Eh ! ne sais-tu pas que je t'aime ?

ARLEQUIN. – Oui ; mais les marques de votre amitié tombent toujours sur mes épaules, et cela est mal placé. Ainsi, tenez, pour ce qui est de nos gens, que le ciel les bénisse ! s'ils sont morts, en voilà pour longtemps ; s'ils sont en vie, cela se passera, et je m'en goberge[1].

IPHICRATE, *un peu ému.* – Mais j'ai besoin d'eux, moi.

ARLEQUIN, *indifféremment.* – Oh ! cela se peut bien, chacun a ses affaires : que je ne vous dérange pas !

IPHICRATE. – Esclave insolent !

ARLEQUIN, *riant.* – Ah ! ah ! vous parlez la langue d'Athènes ; mauvais jargon que je n'entends plus.

IPHICRATE. – Méconnais-tu ton maître, et n'es-tu plus mon esclave ?

ARLEQUIN, *se reculant d'un air sérieux.* – Je l'ai été, je le confesse à ta honte ; mais va, je te le pardonne ; les hommes ne valent rien. Dans le pays d'Athènes, j'étais ton esclave ; tu me traitais comme un pauvre animal, et tu disais que cela était juste, parce que tu étais le plus fort. Eh bien ! Iphicrate, tu vas trouver ici plus fort que toi ; on va te faire esclave à ton tour ; on te dira aussi que cela est juste, et nous verrons ce que tu penseras de cette justice-là ; tu m'en diras ton sentiment, je t'attends là. Quand tu auras souffert, tu seras plus raisonnable ; tu sauras mieux ce qu'il est permis de faire souffrir aux autres. Tout en irait mieux dans le monde, si ceux qui te ressemblent recevaient la même leçon que toi. Adieu mon ami ; je vais trouver mes camarades et tes maîtres.

Il s'éloigne.

---

1 M'en moque.

IPHICRATE, *au désespoir, courant après lui l'épée à la main.* – Juste ciel ! peut-on être plus malheureux et plus outragé que je le suis ? Misérable ! tu ne mérites pas de vivre.

ARLEQUIN. – Doucement ; tes forces sont bien diminuées, car je ne t'obéis plus, prends-y garde.

SCÈNE 2 – *Trivelin, avec cinq ou six insulaires, arrive conduisant une dame et la suivante, et ils accourent à Iphicrate qu'ils voient l'épée à la main.*

TRIVELIN, *faisant saisir et désarmer Iphicrate par ses gens.* – Arrêtez, que voulez-vous faire ?

IPHICRATE. – Punir l'insolence de mon esclave.

TRIVELIN. – Votre esclave ! vous vous trompez, et l'on vous apprendra à corriger vos termes. *(Il prend l'épée d'Iphicrate et la donne à Arlequin.)* Prenez cette épée, mon camarade ; elle est à vous.

ARLEQUIN. – Que le ciel vous tienne gaillard, brave camarade que vous êtes !

TRIVELIN. – Comment vous appelez-vous ?

ARLEQUIN. – Est-ce mon nom que vous demandez ?

TRIVELIN. – Oui vraiment.

ARLEQUIN. – Je n'en ai point, mon camarade.

TRIVELIN. – Quoi donc, vous n'en avez pas ?

ARLEQUIN. – Non, mon camarade ; je n'ai que des sobriquets qu'il m'a donnés ; il m'appelle quelquefois Arlequin, quelquefois Hé.

TRIVELIN. – Hé ! le terme est sans façon ; je reconnais ces Messieurs à de pareilles licences[2]. Et lui, comment s'appelle-t-il ?

ARLEQUIN. – Oh, diantre ! il s'appelle par un nom, lui ; c'est le seigneur Iphicrate.

TRIVELIN. – Eh bien ! changez de nom à présent ; soyez le seigneur Iphicrate à votre tour ; et vous, Iphicrate, appelez-vous Arlequin, ou bien Hé.

ARLEQUIN, *sautant de joie, à son maître.* – Oh ! oh ! que nous allons rire, seigneur Hé !

TRIVELIN, *à Arlequin.* – Souvenez-vous en prenant son nom, mon cher ami,

2 Libertés excessives.

qu'on vous le donne bien moins pour réjouir votre vanité, que pour le corriger de son orgueil.

ARLEQUIN. – Oui, oui, corrigeons, corrigeons !

IPHICRATE, *regardant Arlequin.* – Maraud[3] !

ARLEQUIN. – Parlez donc, mon bon ami ; voilà encore une licence qui lui prend ; cela est-il du jeu ?

TRIVELIN, *à Arlequin.* – Dans ce moment-ci, il peut vous dire tout ce qu'il voudra. *(À Iphicrate.)* Arlequin, votre aventure vous afflige, et vous êtes outré contre Iphicrate et contre nous. Ne vous gênez point, soulagez-vous par l'emportement le plus vif ; traitez-le de misérable, et nous aussi ; tout vous est permis à présent ; mais ce moment-ci passé, n'oubliez pas que vous êtes Arlequin, que voici Iphicrate, et que vous êtes auprès de lui ce qu'il était auprès de vous ; ce sont là nos lois, et ma charge dans la république est de les faire observer en ce canton-ci.

ARLEQUIN. – Ah ! la belle charge !

IPHICRATE. – Moi, l'esclave de ce misérable !

TRIVELIN. – Il a bien été le vôtre.

Lire

1. Par quelles réflexions sommes-nous mis au courant de la situation initiale, le naufrage d'Iphicrate et la loi de l'île ?

2. D'où viennent Iphicrate et Arlequin ?

3. Quelle familiarité soudaine montre que Arlequin se révolte contre son maître ?

4. Quel ustensile est ici l'instrument et le symbole du pouvoir ?

5. Connaîtrons-nous le nom véritable d'Arlequin ? Que signifie exactement avoir (ou ne pas avoir) de nom au XVIIIe siècle ? Dans cette perspective, en quoi l'inversion des noms des héros est-elle symbolique ?

6. Quelle distinction Trivelin fait-il entre orgueil et vanité ?

Écrire

7. « Quand tu auras souffert, tu seras plus raisonnable » (l. 19-20) : pensez-vous que la souffrance soit une école de raison, comme semble

---

3 Manant, roturier.

le penser Arlequin ? Quel contre-argument pourrait-on proposer ? Vous appuierez votre analyse d'exemples précis.

8. Expliquez, en une dizaine de lignes, le sens et la portée de la toute dernière réplique de Trivelin.

9. Dans sa dernière tirade, Trivelin énonce l'une des lois de l'île (l'inversion des conditions sociales). Rédigez les autres lois, conformément à la première. Quelle serait la Constitution de l'île des esclaves ? Vous présenterez votre texte comme un ensemble de décrets de lois, numérotés par ordre décroissant d'importance (d'abord les grands principes, puis les applications).

Chercher

10. L'île des esclaves est une utopie : quelles autres utopies connaissez-vous ? Quelles autres formes de gouvernements a-t-on proposé sous un modèle utopique ?

11. L'île est volontiers, en littérature, un lieu d'expérimentation, parce que c'est un monde clos. Quelles œuvres connaissez-vous, qui se passent dans des îles – au XVIIIe siècle ou après ? Qu'est-ce que l'île leur apporte à chaque fois ?

13 Beaumarchais (1732-1799)

Le Mariage de Figaro ou la Folle Journée, acte I, scène 1 (1784)

Figaro, ancien barbier de Séville (où il a rencontré le comte Almaviva), a permis le mariage du comte avec celle qu'il aime. Au début de cet extrait, c'est au tour de Figaro d'être sur le point de se marier. Mais le comte va tenter de se mettre en travers de ses projets, en faisant valoir à son usage l'ancien « droit du seigneur », appelé aussi « droit de cuissage ».

Le théâtre représente une chambre à demi démeublée ; un grand fauteuil de malade est au milieu. Figaro, avec une toise, mesure le plancher. Suzanne attache à sa tête, devant une glace, le petit bouquet de fleurs d'orange, appelé chapeau de la mariée.

FIGARO, SUZANNE

FIGARO

Dix-neuf pieds sur vingt-six.

SUZANNE

Tiens, Figaro, voilà mon petit chapeau : le trouves-tu mieux ainsi ?

FIGARO *lui prend les mains.*

Sans comparaison, ma charmante. Oh ! que ce joli bouquet virginal, élevé sur la tête d'une belle fille, est doux, le matin des noces, à l'œil amoureux d'un époux !...

SUZANNE *se retire.*

Que mesures-tu donc là, mon fils ?

FIGARO

Je regarde, ma petite Suzanne, si ce beau lit que Monseigneur nous donne aura bonne grâce ici.

SUZANNE

Dans cette chambre ?

FIGARO

Il nous la cède.

SUZANNE

Et moi, je n'en veux point.

FIGARO

Pourquoi ?

SUZANNE

Je n'en veux point.

FIGARO

Mais encore ?

SUZANNE

Elle me déplaît.

FIGARO

On dit une raison.

SUZANNE

Si je n'en veux pas dire ?

FIGARO

Oh ! quand elles sont sûres de nous !

SUZANNE

Prouver que j'ai raison serait accorder que je puis avoir tort. Es-tu mon serviteur, ou non ?

FIGARO

Tu prends de l'humeur contre la chambre du château la plus commode, et qui tient le milieu des deux appartements. La nuit, si madame est incommodée, elle sonnera de son côté ; zeste[1], en deux pas tu es chez elle. Monseigneur veut-il quelque chose : il n'a qu'à tinter du sien ; crac, en trois sauts me voilà rendu.

SUZANNE

Fort bien ! Mais quand il aura *tinté* le matin, pour te donner quelque bonne et longue commission, zeste, en deux pas, il est à ma porte, et crac, en trois sauts…

FIGARO

Qu'entendez-vous par ces paroles ?

SUZANNE

Il faudrait m'écouter tranquillement.

1 Vite.

FIGARO

Eh, qu'est-ce qu'il y a ? bon Dieu !

SUZANNE

Il y a, mon ami, que, las de courtiser les beautés des environs, monsieur le comte Almaviva veut rentrer au château, mais non pas chez sa femme ; c'est sur la tienne, entends-tu, qu'il a jeté ses vues, auxquelles il espère que ce logement ne nuira pas. Et c'est ce que le loyal Bazile, honnête agent de ses plaisirs, et mon noble maître à chanter, me répète chaque jour, en me donnant leçon.

FIGARO

Bazile ! ô mon mignon, si jamais volée de bois vert, appliquée sur une échine, a dûment redressé la moelle épinière à quelqu'un…

SUZANNE

Tu croyais, bon garçon, que cette dot qu'on me donne était pour les beaux yeux de ton mérite ?

FIGARO

J'avais assez fait pour l'espérer.

SUZANNE

Que les gens d'esprit sont bêtes !

FIGARO

On le dit.

SUZANNE

Mais c'est qu'on ne veut pas le croire.

FIGARO

On a tort.

SUZANNE

Apprends qu'il la destine à obtenir de moi secrètement, certain quart d'heure, seul à seule, qu'un ancien droit du seigneur… Tu sais s'il était triste !

FIGARO

Je le sais tellement, que si monsieur le Comte, en se mariant, n'eût pas aboli ce droit honteux, jamais je ne t'eusse épousée dans ses domaines.

SUZANNE

Eh bien, s'il l'a détruit, il s'en repent ; et c'est de ta fiancée qu'il veut le racheter en secret aujourd'hui.

Lire

1. La chambre est « à demi démeublée » : quel meuble essentiel manque encore ?

2. Pour quelle raison Suzanne ne veut-elle pas de la chambre qu'on leur a affectée ?

3. Que signifie l'expression de Figaro : « Oh ! quand elles sont sûres de nous ! » (l. 21) ? Qui est ce « elles » ? De quoi sont-elles « sûres » ?

4. « Ô mon mignon » (l. 40), s'exclame Figaro en parlant de Bazile. Le reste de la phrase est-il conforme à ce début ? Comment s'appelle cette figure de style, qui consiste à dire le contraire de ce que l'on pense tout en faisant comprendre ce que l'on pense ? Donnez-en deux ou trois exemples, dont au moins un autre tiré du texte, dans la réplique précédente de Suzanne.

5. « Que les gens d'esprit sont bêtes ! » (l. 45). Quelle est la figure ici utilisée par Suzanne ? Que veut-elle dire ?

6. Quel est cet « ancien droit du seigneur » ? En quoi consistait-il ?

Écrire

7. En quoi cette scène est-elle une « scène d'exposition » ? Qu'apprenons-nous de ce qui s'est passé et de ce qui va se passer ?

8. Qu'apprenons-nous sur les deux personnages qui s'expriment ici ? Et sur ceux qu'ils évoquent ? Quel est, selon vous, le portrait physique et moral de chacun ? Quels acteurs contemporains imagineriez-vous dans ces rôles ? Pourquoi ?

9. L'opéra de Mozart, *Les Noces de Figaro*, commence de même par la mesure de la chambre. En quoi cette scène est-elle frappante et symbolique ?

Chercher

10. Des deux personnages ici présents, lequel a le plus d'esprit ? Cela vous semble-t-il intéressant ou symbolique ? Connaissez-vous d'autres femmes en littérature qui l'emportent sur les hommes de leur entourage – au XVIIIe siècle ou plus tard ?

14 Wolfgang von Goethe (1749-1832)

Faust, « Cabinet d'étude » (1806 et 1832)

Faust est très vieux, très riche, très usé. Méphistophélès est un envoyé du Diable, qui propose au vieillard un an de jeunesse.

Ce sujet a hanté Goethe toute sa vie. Il est revenu à plusieurs reprises sur le mythe de Faust, qui incarne à ses yeux toutes les forces et toutes les faiblesses de la condition humaine.

FAUST

Et qu'exigeras-tu de moi pour ton salaire ?

MÉPHISTOPHÉLÈS

N'y pensons pas encor. Ce n'est pas le moment.

FAUST

Non, non ! Le diable est trop égoïste pour faire,
Par amour de Dieu seulement,
Ce qu'il faut pour me satisfaire.
Dis sans fard la condition ;
Un tel valet met le danger dans la maison.

MÉPHISTOPHÉLÈS

À suivre tes désirs ici-bas je m'engage
Et je n'oublierai rien de ce que tu voudras :
Quand nous nous reverrons près de l'autre rivage,
Alors viendra ton tour et tu m'obéiras !

FAUST

Que m'importe, à moi, l'autre monde !
Renverse les piliers où celui-ci se fonde
Et l'autre, s'il le veut, déploiera ses couleurs.
Ma joie appartient à la terre,
Le soleil d'ici-bas éclaire mes malheurs.
Si je puis oublier ce séjour de douleurs,
Advienne que pourra, je ne m'en trouble guère,
Je n'en veux rien savoir et ne m'informe pas
Si l'au-delà connaît des amours et des haines
Et si, dans ces sombres domaines,
Il existe un haut et un bas.

MÉPHISTOPHÉLÈS

Tu peux te hasarder, si c'est là ta pensée.
Continue hardiment la route commencée :
Tu seras étonné de ce qu'est mon pouvoir
Et je te montrerai ce que nul n'a pu voir.

FAUST

Que peux-tu donner, pauvre diable ?
Jamais l'esprit de l'homme en sa plus haute fin
A-t-il été compris de ton semblable ?
Veux-tu m'offrir des mets n'apaisant pas ma faim,
De l'or rouge qui dans nos mains se dissémine
Comme du vif-argent, un jeu privé de gain,
Ou quelque blonde enfant qui lorgne mon voisin
Quand je la tiens sur ma poitrine ?
Tu peux aussi me promettre l'honneur,
Charme si doux qui si vite s'effeuille,
Des fruits pourris avant qu'on ne les cueille
Et l'arbre toujours vert de l'éternel bonheur ?

MÉPHISTOPHÉLÈS

Ce ne serait pas là chose qui m'embarrasse
Car je ne manque pas de semblables trésors.
Mais un temps vient enfin où le désir s'efface,
Où l'on voudrait jouir à de moindres efforts…

FAUST

Si je m'étends jamais sur un lit de paresse,
Mes désirs apaisés, que c'en soit fait de moi.
Si tu fais, me flattant de ta vaine promesse,
Que mon cœur s'éprenne de soi
Et de la jouissance adore la caresse,
Que vienne alors mon dernier jour ;
J'accepte le pari.

MÉPHISTOPHÉLÈS

C'est dit.

FAUST

Et sans retour.
Si je dis à l'instant qui passe :
Arrête-toi, tu es si beau,
Alors que ta chaîne m'enlace,
Alors que s'ouvre mon tombeau,
Que le glas des morts retentisse,
Que s'achève aussi ton service,
Que l'aiguille retombe à l'heure du trépas
Et que le temps pour moi s'anéantisse.

MÉPHISTOPHÉLÈS

Songes-y bien, car nous, nous ne l'oublierons pas.

Faust, trad. J. Malaplate,
Flammarion, 1984.

Lire

1. Quels sont les deux types de vers utilisés par le traducteur ? Les rimes suivent-elles un ordre précis ?

2. Qu'est-ce que « l'autre rivage » (l. 10) ? Comment appelle-t-on cette figure de style ? Connaissez-vous d'autres expressions utilisées couramment pour désigner la même réalité – y compris dans ce dialogue ? Quel est l'intérêt symbolique de ne pas nommer la chose ?

3. Méphistophélès fait-il à Faust des propositions précises ? Pourquoi ?

4. À qui Faust lance-t-il : « Arrête-toi, tu es si beau » (l. 51) ? Comment appelle-t-on ce procédé ?

5. Quel sentiment particulier marquera en fait la fin du chemin pour Faust ? Quels mots l'expriment ?

Écrire

6. En quoi le désir de jeunesse de Faust est-il compréhensible ou globalement humain ? Par rapport à votre jeunesse à vous, quels avantages aura la nouvelle jeunesse du héros ? Qu'en pensez-vous ?

7. Connaissez-vous d'autres histoires de tentation (diabolique ou non) ? Trouvez-en au moins deux et analysez leur signification.

8. Quel est le seul personnage qui, tenté par le Diable, a su lui résister ? La référence était immédiate pour les contemporains de Goethe : en montrant que Faust succombe à la tentation, qu'est-ce que le poète a voulu prouver ? Qui est Faust au fond ?

Chercher

9. Cette histoire n'a pas été inventée par Goethe : chez qui l'a-t-il trouvé ? Quel est, dans toutes les versions, le prix que Faust doit payer pour retrouver sa jeunesse ?

Elle a par ailleurs été portée à l'écran par René Clair en 1949 sous le titre *La Beauté du diable* : qui étaient les deux acteurs principaux ? Qui interprétaient-ils exactement ? Que pensez-vous de cette idée ?

15 Alfred de Musset (1810-1857)

Lorenzaccio, acte I, scène 4 (1834)

Le duc de Médicis gouverne Florence d'une main de fer. Les Républicains voudraient bien le renverser, mais manquent de résolution. En attendant, le duc s'amuse beaucoup, et son cousin Lorenzo, dit Renzo par abréviation, un être chétif, usé prématurément par les plaisirs, sans courage, est son compagnon ordinaire de débauche.

Le Duc. – Allons donc, vous me mettriez en colère ! Renzo, un homme à craindre ! le plus fieffé poltron ! une femmelette, l'ombre d'un ruffian[1] énervé ! un rêveur qui marche nuit et jour sans épée, de peur d'en apercevoir l'ombre à son côté ! d'ailleurs un philosophe, un gratteur de papier, un méchant poète qui ne sait seulement pas faire un sonnet ! Non, non, je n'ai pas peur des ombres. Eh ! corps de Bacchus[2] ! que me font les discours latins et les quolibets[3] de ma canaille ! J'aime Lorenzo, moi, et, par la mort de Dieu ! il restera ici.

Le Cardinal. – Si je craignais cet homme, ce ne serait pas pour votre cour, ni pour Florence, mais pour vous, duc.

Le Duc. – Plaisantez-vous, cardinal, et voulez-vous que je vous dise la vérité ? *(Il lui parle bas.)* Tout ce que je sais de ces damnés bannis, de tous ces républicains entêtés qui complotent autour de moi, c'est par Lorenzo que je le sais. Il est glissant comme une anguille ; il se fourre partout et me dit tout. N'a-t-il pas trouvé moyen d'établir une correspondance avec tous ces Strozzi[4] de l'enfer ? Oui, certes, c'est mon entremetteur ; mais croyez que son entremise, si elle nuit à quelqu'un, ne me nuira pas. Tenez ! *(Lorenzo paraît au fond d'une galerie basse.)* Regardez-moi ce petit corps maigre, ce lendemain d'orgie ambulant. Regardez-moi ces yeux plombés, ces mains fluettes et maladives à peine assez fermes pour soutenir un éventail ; ce visage morne, qui sourit quelquefois, mais qui n'a pas la force de rire. C'est là un homme à craindre ? Allons, allons ! vous vous moquez de lui. Hé ! Renzo, viens donc ici ; voilà sire Maurice qui te cherche dispute.

Lorenzo, *montant l'escalier de la terrasse.* – Bonjour, messieurs les amis de mon cousin !

Le Duc. – Lorenzo, écoute ici. Voilà une heure que nous parlons de toi. Sais-tu la nouvelle ? Mon ami, on t'excommunie en latin, et sire Maurice t'appelle un homme dangereux, le cardinal aussi ; quant au bon Valori, il est trop honnête pour prononcer ton nom.

Lorenzo. – Pour qui dangereux, Éminence ?

Le Cardinal. – Les chiens de cour peuvent être pris de la rage comme les autres chiens.

Lorenzo. – Une insulte de prêtre doit se faire en latin.

1 Vaurien.
2 Adaptation d'un juron italien familier, *per Baccho !*.
3 Plaisanteries insultantes.
4 Puissante famille de Florence, opposée aux Médicis.

Sire Maurice. – Il s'en fait en toscan, auxquelles on peut répondre.

Lorenzo. – Sire Maurice, je ne vous voyais pas ; excusez-moi, j'avais le soleil dans les yeux ; mais vous avez bon visage et votre habit me paraît tout neuf.

Sire Maurice. – Comme votre esprit ; je l'ai fait faire d'un vieux pourpoint de mon grand-père.

Lorenzo. – Cousin, quand vous aurez assez de quelque conquête des faubourgs, envoyez-la donc chez sire Maurice. Il est malsain de vivre sans femme, pour un homme qui a, comme lui, le cou court et les mains velues.

Sire Maurice. – Celui qui se croit le droit de plaisanter doit savoir se défendre. À votre place, je prendrais une épée.

Lorenzo. – Si l'on vous a dit que j'étais un soldat, c'est une erreur ; je suis un pauvre amant de la science.

Sire Maurice. – Votre esprit est une épée acérée, mais flexible. C'est une arme trop vile ; chacun fait usage des siennes. *(Il tire son épée.)*

Valori. – Devant le duc, l'épée nue !

Le Duc, *riant.* – Laissez faire, laissez faire. Allons, Renzo, je veux te servir de témoin ; qu'on lui donne une épée !

Lorenzo. – Monseigneur, que dites-vous là ?

Le Duc. – Eh bien ! ta gaieté s'évanouit si vite ? Tu trembles, cousin ? Fi donc ! tu fais honte au nom de Médicis. Je ne suis qu'un bâtard, et je le porterais mieux que toi, qui es légitime ! Une épée, une épée ! un Médicis ne se laisse point provoquer ainsi. Pages, montez ici ; toute la cour le verra, et je voudrais que Florence entière y fût.

Lorenzo. – Son Altesse se rit de moi.

Le Duc. – J'ai ri tout à l'heure, mais maintenant je rougis de honte. Une épée ! *(Il prend l'épée d'un page et la présente à Lorenzo.)*

Valori. – Monseigneur, c'est pousser trop loin les choses. Une épée tirée en présence de Votre Altesse est un crime punissable dans l'intérieur du palais.

Le Duc. – Qui parle ici quand je parle ?

Valori. – Votre Altesse ne peut avoir eu d'autre dessein que celui de s'égayer un instant, et sire Maurice lui-même n'a point agi dans une autre pensée.

Le Duc. – Et vous ne voyez pas que je plaisante encore ! Qui diable pense ici à une affaire sérieuse ? Regardez Renzo, je vous en prie : ses genoux tremblent ; il serait devenu pâle, s'il pouvait le devenir. Quelle contenance, juste Dieu ! Je crois qu'il va tomber. *(Lorenzo chancelle ; il s'appuie sur la balustrade et glisse à terre tout d'un coup.)*

Le Duc, *riant aux éclats.* – Quand je vous le disais ! personne ne le sait mieux que moi ; la seule vue d'une épée le fait trouver mal. Allons ! chère Lorenzetta, fais-toi emporter chez ta mère. *(Les pages relèvent Lorenzo.)*

Lire

1. Qu'est-ce qu'un « gratteur de papier » (l. 4) ? Pourquoi l'expression est-elle péjorative dans la bouche du duc ?

2. Qu'est-ce qu'on entend ordinairement par « entremetteur » (l. 16) ?

3. «… ce lendemain d'orgie ambulant » (l. 18-19) : ainsi le duc caractérise-t-il Lorenzo. Comment s'appelle cette figure de style ?

4. Relevez les unes après les autres toutes les piques offensantes que lance Lorenzo à ses détracteurs. Quel aspect du personnage mettent-elles en valeur ? Quelle réflexion de sire Maurice résume ce côté de la personnalité de Lorenzo ?

5. La scène de l'épée a-t-elle une valeur particulière ? Quelle idée nous donne-t-elle du personnage principal ?

6. Quelle est la valeur de l'apostrophe finale du duc, « chère Lorenzetta » ? Quelle est la valeur, en italien, de ce diminutif ? Quelle est celle de « Lorenzaccio » ?

Écrire

7. Qu'apprenons-nous au fil de cette scène d'exposition sur les principaux personnages ? Quelle est la personnalité du duc ? Et celle de Lorenzo ?

8. Lisez la pièce ou étudiez au moins sa conclusion. En fonction de ce qui se passe ultérieurement, en quoi Lorenzo se révèle ici d'une intelligence supérieure ? Vous ferez deux analyses successives de cette scène, selon que l'on ignore ou selon que l'on connaît le dénouement.
Dans un second temps, vous déterminerez ce que met en scène, au fond, cette pièce ? Un drame historique, et/ou une réflexion sur l'art du comédien ? Vous justifierez votre réponse par des arguments précis.

Chercher

9. Le duc comme Lorenzo sont des Médicis. Quelle est l'histoire de cette famille ? Quels ont été ses principaux représentants ? De quelle ville étaient-ils les patrons ? Quel monument les y célèbre pour l'éternité ? Qui l'a réalisé ?

10. Deux auteurs de romans policiers, Viard et Zacharias, ont transposé l'histoire de Lorenzaccio dans les années 1960. Lisez leur roman (*Le Mytheux*) et commentez les règles de transposition. L'histoire vous paraît-elle toujours aussi forte ?

16 Victor Hugo (1802-1885)

Ruy Blas, acte I, scène 3 (1838)

Ruy Blas est le valet de don Salluste, puissant seigneur que la reine d'Espagne vient de faire exiler. Don César, cousin de Salluste, a abandonné ses prérogatives de grand seigneur et vit dans la rue avec les vagabonds, sous le pseudonyme de Zafari. C'est là que, quelques années plus tôt, il a connu Ruy Blas. Comment Ruy Blas, homme libre et indépendant, a-t-il pu accepter ce rôle de serviteur ?

RUY BLAS

Invente, imagine, suppose.
Fouille dans ton esprit. Cherches-y quelque chose
D'étrange, d'insensé, d'horrible et d'inouï,
Une fatalité dont on soit ébloui !
Oui, compose un poison affreux, creuse un abîme
Plus sourd que la folie et plus noir que le crime,
Tu n'approcheras pas encor de mon secret.
– Tu ne devines pas ? – Hé ! qui devinerait ? –
Zafari ! dans le gouffre où mon destin m'entraîne
Plonge les yeux ! – je suis amoureux de la reine !

DON CÉSAR

Ciel!

RUY BLAS

Sous un dais orné du globe impérial,
Il est, dans Aranjuez ou dans l'Escurial[1],
– Dans ce palais, parfois, – mon frère, il est un homme
Qu'à peine on voit d'en bas, qu'avec terreur on nomme;
Pour qui, comme pour Dieu, nous sommes égaux tous;
Qu'on regarde en tremblant et qu'on sert à genoux;
Devant qui se couvrir est un honneur insigne;
Qui peut faire tomber nos deux têtes d'un signe;
Dont chaque fantaisie est un événement;
Qui vit, seul et superbe, enfermé gravement
Dans une majesté redoutable et profonde;
Et dont on sent le poids dans la moitié du monde.
Eh bien! – moi, le laquais, – tu m'entends, – eh bien! oui,
Cet homme-là! le roi! je suis jaloux de lui!

DON CÉSAR

Jaloux du roi!

RUY BLAS

Hé! oui, jaloux du roi! sans doute.
Puisque j'aime sa femme!

DON CÉSAR

Oh! malheureux!

RUY BLAS

Écoute.
Je l'attends tous les jours au passage. Je suis
Comme un fou! Ho! sa vie est un tissu d'ennuis,
À cette pauvre femme! – Oui, chaque nuit j'y songe.
Vivre dans cette cour de haine et de mensonge,
Mariée à ce roi qui passe tout son temps

1 Aranjuez, l'Escurial : résidences des rois d'Espagne.

À chasser ! Imbécile ! – un sot ! vieux à trente ans !
Moins qu'un homme ! à régner comme à vivre inhabile,
– Famille qui s'en va ! – Le père était débile
Au point qu'il ne pouvait tenir un parchemin.
– Oh ! si belle et si jeune, avoir donné sa main
À ce roi Charles deux ! Elle ! Quelle misère !
– Elle va tous les soirs chez les sœurs du Rosaire,
Tu sais en remontant la rue Ortaleza.
Comment cette démence en mon cœur s'amassa,
Je l'ignore. Mais juge ! elle aime une fleur bleue
D'Allemagne. Je fais chaque jour une lieue,
Jusqu'à Caramanchel, pour avoir de ces fleurs.
J'en ai cherché partout sans en trouver ailleurs.
J'en compose un bouquet, je prends les plus jolies...
– Oh ! mais je te dis là des choses, des folies ! –
Puis à minuit, au parc royal, comme un voleur,
Je me glisse et je vais déposer cette fleur
Sur son banc favori. Même, hier, j'osai mettre
Dans le bouquet, – vraiment, plains-moi, frère ! – une lettre !
La nuit, pour parvenir jusqu'à ce banc, il faut
Franchir les murs du parc, et je rencontre en haut
Ces broussailles de fer qu'on met sur les murailles.
Un jour j'y laisserai ma chair et mes entrailles.
Trouve-t-elle mes fleurs, ma lettre ? je ne sai.
Frère, tu le vois bien, je suis un insensé.

DON CÉSAR

Diable ! ton algarade[2] a son danger. Prends garde !
Le comte d'Oñate, qui l'aime aussi, la garde
Et comme un majordome et comme un amoureux.
Quelque reître[3], une nuit, gardien peu langoureux,
Pourrait bien, frère, avant que ton bouquet se fane,
Te le clouer au cœur d'un coup de pertuisane. –
Mais quelle idée ! aimer la reine ! ah çà, pourquoi ?
Comment diable as-tu fait ?

2 Discours enflammé.
3 Soldat mercenaire, souvent d'origine allemande.

RUY BLAS, *avec emportement.*

Est-ce que je sais, moi !
– Oh ! mon âme au démon ! je la vendrais, pour être
Un des jeunes seigneurs que, de cette fenêtre,
Je vois en ce moment, comme un vivant affront,
Entrer, la plume au feutre et l'orgueil sur le front !
Oui, je me damnerais pour dépouiller ma chaîne,
Et pour pouvoir comme eux m'approcher de la reine
Avec un vêtement qui ne soit pas honteux !
Mais, ô rage ! être ainsi, près d'elle ! devant eux !
En livrée ! un laquais ! être un laquais pour elle !
Ayez pitié de moi, mon Dieu !

(Se rapprochant de don César.)

Je me rappelle.
Ne demandais-tu pas pourquoi je l'aime ainsi,
Et depuis quand ?... – Un jour... – Mais à quoi bon ceci ?
C'est vrai, je t'ai toujours connu cette manie !
Par mille questions vous mettre à l'agonie !
Demander où ? comment ? quand ? pourquoi ? Mon sang bout !
Je l'aime follement ! Je l'aime, voilà tout !

Lire

1. Ruy Blas parle de « fatalité » (v. 4). Quels autres mots ou expressions renvoient dans ce dialogue à la même idée ?

2. « Insensé » (v. 3) : ainsi Ruy Blas qualifie-t-il son amour. Quels autres mots (ou expressions ou modes d'expression) renvoient à l'idée de folie ?

3. « Une fleur bleue d'Allemagne » (v. 41-42) : quel est le nom allemand (ou anglais) du myosotis ? Quelle est sa connotation ?

Pourquoi Ruy Blas ne dit-il pas le nom français de cette fleur ? Pourquoi préférer la périphrase* « fleur bleue d'Allemagne » ?

4. « Mon âme au démon... » (v. 65) : à quelle légende bien connue des romantiques (voir texte 14 de Goethe), Hugo fait-il ici allusion ?

Écrire

5. Quels éléments, dans la versification apparemment chaotique (mais très maîtrisée) des tirades de Ruy Blas, témoignent de son trouble et de sa passion ? Vous ferez un relevé exact des rejets et des enjambements, des ruptures de construction, etc.

Puis, dans un court développement, vous expliquerez en quoi cette versification audacieuse était une provocation esthétique à l'époque.

6. Comment Hugo crée-t-il une atmosphère hispanisante ? Quels mots (noms propres ou noms communs) sont mis en place à cet effet ?

7. Cette scène d'exposition nous donne l'essentiel de ce que nous devons savoir et prépare la suite : quels détails seront réutilisés plus tard dans la pièce ?

8. Nous apprendrons que don Salluste a surpris la déclaration de son valet. Imaginez son monologue intérieur, en fonction de ce qu'il va lui demander (lisez la fin de l'acte I de la pièce).

Chercher

9. Nous sommes sous le règne du roi Charles II. « Le père était débile », affirme Ruy Blas. Qui était ce père ? Comment s'appelle à l'époque la famille royale d'Espagne ? Quel fut le premier empereur de cette lignée ? Sachant que la reine qu'aime Blas est allemande, que pensez-vous de cette alliance ?

Trouvez (dans un dictionnaire des noms propres ou dans un ouvrage sur Vélasquez) un portrait du roi Philippe IV d'Espagne. Décrivez-le oralement, puis par écrit. Imaginez le roi Charles II, sachant que les principaux traits de son père se sont encore accentués.

17 Alfred Jarry (1873-1907)

Ubu Roi, acte I, scène 1 (1888)

Ubu est un personnage ventripotent, lâche, goinfre, ambitieux (et sa femme l'est encore davantage). Il n'hésitera ni devant le meurtre, ni devant les cruautés les plus excessives pour accroître son pouvoir.

Jarry s'inspire dans cette pièce, et dans celles qui suivront, de la tradition du Guignol, qui attaquait les gens en place en en faisant une caricature féroce. En même temps, il écrit, avec *Ubu Roi*, la version farcesque du *Macbeth* de Shakespeare.

PÈRE UBU. – Merdre.

MÈRE UBU. – Oh ! voilà du joli, Père Ubu, vous estes un fort grand voyou.

PÈRE UBU. – Que ne vous assom'je, Mère Ubu !

MÈRE UBU. – Ce n'est pas moi, Père Ubu, c'est un autre qu'il faudrait assassiner.

PÈRE UBU. – De par ma chandelle verte, je ne comprends pas.

MÈRE UBU. – Comment, Père Ubu, vous estes content de votre sort ?

PÈRE UBU. – De par ma chandelle verte, merdre, madame, certes oui, je suis content. On le serait à moins : capitaine de dragons, officier de confiance du roi Venceslas, décoré de l'ordre de l'Aigle Rouge de Pologne et ancien roi d'Aragon, que voulez-vous de mieux ?

MÈRE UBU. – Comment ! après avoir été roi d'Aragon vous vous contentez de mener aux revues une cinquantaine d'estafiers armés de coupe-choux, quand vous pourriez faire succéder sur votre fiole la couronne de Pologne à celle d'Aragon ?

PÈRE UBU. – Ah ! Mère Ubu, je ne comprends rien de ce que tu dis.

MÈRE UBU. – Tu es si bête !

PÈRE UBU. – De par ma chandelle verte, le roi Venceslas est encore bien vivant ; et même en admettant qu'il meure, n'a-t-il pas des légions d'enfants ?

MÈRE UBU. – Qui t'empêche de massacrer toute la famille et de te mettre à leur place ?

PÈRE UBU. – Ah ! Mère Ubu, vous me faites injure et vous allez passer tout à l'heure par la casserole.

MÈRE UBU. – Eh ! pauvre malheureux, si je passais par la casserole, qui te raccommoderait tes fonds de culotte ?

PÈRE UBU. – Eh vraiment ! et puis après ? N'ai-je pas un cul comme les autres ?

MÈRE UBU. – À ta place, ce cul, je voudrais l'installer sur un trône. Tu pourrais augmenter indéfiniment tes richesses, manger fort souvent de l'andouille et rouler carrosse par les rues.

PÈRE UBU. – Si j'étais roi, je me ferais construire une grande capeline comme celle que j'avais en Aragon et que ces gredins d'Espagnols m'ont impudemment volée.

MÈRE UBU. – Tu pourrais aussi te procurer un parapluie et un grand caban qui te tomberait sur les talons.

PÈRE UBU. – Ah ! je cède à la tentation. Bougre de merdre, merdre de bougre, si jamais je le rencontre au coin d'un bois, il passera un mauvais quart d'heure.

MÈRE UBU. – Ah ! bien, Père Ubu, te voilà devenu un véritable homme.

PÈRE UBU. – Oh non ! moi, capitaine de dragons, massacrer le roi de Pologne ! plutôt mourir !

MÈRE UBU, *à part*. – Oh ! merdre ! *(Haut.)* Ainsi tu vas rester gueux comme un rat, Père Ubu.

PÈRE UBU. – Ventrebleu, de par ma chandelle verte, j'aime mieux être gueux comme un maigre et brave rat que riche comme un méchant et gras chat.

MÈRE UBU. – Et la capeline ? et le parapluie ? et le grand caban ?

PÈRE UBU. – Eh bien, après, Mère Ubu ? *(Il s'en va en claquant la porte.)*

MÈRE UBU, *seule*. – Vrout, merdre, il a été dur à la détente, mais vrout, merdre, je crois pourtant l'avoir ébranlé. Grâce à Dieu et à moi-même, peut-être dans huit jours serai-je reine de Pologne.

Lire

1. « Merdre » : que signifie ce mot, très fréquent dans la bouche d'Ubu ? Que signifie le fait de commencer ainsi une pièce ? Comment prononceriez-vous ce juron ?

Quels autres mots ou expressions appartiennent, comme « merdre », au langage scatologique ?

2. « Vous estes » (l. 2), « Que ne vous assom'je » (l. 3) : pourquoi ces déformations verbales ?

3. Quelle est cette « chandelle verte » (l. 6) par laquelle Ubu jure à tout propos ?

4. « Passer [...] par la casserole » (l. 22-23) semble vouloir dire « mourir » dans le contexte. Quel est pourtant le sens usuel de cette expression ? Ce sens est-il tout à fait impossible ici ? Quels autres éléments, en particulier dans les répliques de la Mère Ubu, pourraient nous suggérer des sous-entendus particulièrement graveleux ?

5. « Je cède à la tentation » (l. 36) : comment la Mère Ubu a-t-elle mis en place cette tentation ? Quelle est la valeur de l'argument final qui décide Ubu ?

6. « Bougre de merdre, merdre de bougre » (l. 36-37) : l'expression est-elle vraiment réversible ? Qu'est-ce qu'un bougre ? Vérifiez dans un dictionnaire.

Écrire

7. C'est la toute première scène de la pièce. Analysez-la en tant que scène d'exposition. Qu'est-ce que le spectateur apprend ? Qu'est-ce qu'il attend ?

8. Quels éléments font de cet extrait une scène de farce ?

9. Quels jeux de scène conseilleriez-vous aux acteurs ? Reprenez le dialogue, et, réplique par réplique, à l'oral ou à l'écrit, précisez le ton et les gestes qui la mettraient au mieux en valeur.

Chercher

10. Ubu est la parodie de Macbeth : lisez la pièce de Jarry en entier et celle de Shakespeare, et présentez, soit à l'oral, soit à l'écrit, les ressemblances les plus frappantes. En définitive, les projets des deux écrivains, à trois siècles de distance, ne sont-ils pas plus ou moins les mêmes ?

11. « L'action se passe en Pologne, c'est-à-dire nulle part », écrit Jarry en en-tête de sa pièce. Quel est le sens d'une telle formule à cette époque ? Qu'est-ce que Jarry entend dénoncer sous des allures de farce ?

18 Paul Claudel (1868-1955)

Tête d'or (1890 et 1901)

Claudel n'est pas encore ambassadeur de France, ni le chantre des vertus catholiques qu'il deviendra plus tard, lorsqu'il rédige la première version de *Tête d'or.* Il y décrit un personnage d'inspiration nietzschéenne, Simon, dit Tête d'or, qui parvient peu à peu à la puissance absolue, tue le roi son maître et exile la princesse – avant d'être finalement écrasé et de réfléchir enfin sur la vanité de la gloire.

LA PRINCESSE. – On me chasse. On m'a tué mon père ! J'ai tout perdu.
Écoutez-moi ! Puisqu'il paraît
Que je ne suis plus assez bonne pour vous être reine,
Et que vous voilà tels que vous êtes,
Lâches ! bouchers !
À présent je rejette tout, je sortirai de chez vous comme si j'entrais !
À bas, diamants, joyaux ! *(Elle les jette à terre).*

Tout ! tout ! reprenez tout ! Je vous arrache, parures ! *(Elle les arrache).*

Oh ! Et que de même je pusse arracher le souvenir de toutes vos
Paroles, et dépouiller votre ombre exécrée, et oublier
Toutes ces années que j'ai vécues parmi cette fausseté ! ô vous, cœurs vides et infects !
Et vous, de même, oubliez-moi.
Et maintenant, vite ! je vous en prie, laissez-moi m'en aller !
Car il y a ici une chose dont la présence me gèle le cœur.
TÊTE D'OR. – Crois-tu que je me laisse affronter par qui que ce soit,
Et que je vais tourner les yeux çà et là ?
Eh bien ! je le proclame devant toi-même : c'est moi qui ai tué ton père.
LA PRINCESSE. – Ô tueur ! Pernicieux, sanguinaire meurtrier ! Dévastation qui poses tes pieds sur la lâcheté et la folie, assise en cette place insolente !
Que…
Oh ! ta vue me tue, me tue !

TÊTE D'OR. – C'est moi qui ai tué ton père, avec cette épée, je le dis!
Et que répondra le bégaiement si la parole violente montrant son droit demande :
Pourquoi ne l'aurais-je pas fait?
Ah! que pèse une vie de plus que le poids d'une herbe!? Va, il est mort!
Quelle différence y a-t-il entre un homme et une taupe qui sont morts,
Quand le soleil de la putréfaction commence à les mûrir par le ventre?
LA PRINCESSE. – Père!
TÊTE D'OR. – Pleure! lamente-toi! appelle-le!
Regarde : sans doute qu'il t'entend!
Il est mort, et plus tard tu mourras, et moi.
Et ne pense point qu'il revive, ou nous. Tous les songes dégoûtent!
Dis, te souviens-tu, Œuvre du ventre, de ce que tu étais avant d'être née?
Ainsi après avoir vécu nous rendons dans le même néant sans nom
Notre âme humaine gonflée d'amour et de malédictions!
Mais, avant, l'Enfant de la Mort, comme un chêne qui pousse parmi les menthes,
Armé d'une âme audacieuse, secouera son casque, produisant une grande rumeur!
LA PRINCESSE. – Hélas! hélas! hélas!
Je veux sortir d'ici.
TÊTE D'OR. – Peu importe. Reste ou pars.
LA PRINCESSE. – Je sortirai de ce lieu hideux. *(Elle sort).*
TÊTE D'OR. – Que tous les cœurs se gorgent d'angoisse! je n'en serai point ému, le mien s'en est rempli jusqu'au bord.
Je l'ai tué sans le voir, comme un gibier qu'on chasse en rêve,
Ou comme le voyageur qui se hâte vers l'auberge arrache l'importune fougère.
– J'ai dit ce que je devais dire, et bientôt
Je vous annoncerai ce que nous entreprendrons, comment.
Mon temps commence!
Et ma gloire va s'élever sur le monde comme l'arc-en-ciel,
Annonçant à ceux qui le verront une nouvelle journée.
Je te respire donc! je t'adore, parfum chéri de la victoire!
Rose, donne ton odeur! soleil, cache ta face dans ton duvet divin!
– Ensevelissez le vieillard impérial comme il convient,
Et celui-ci aussi, si vous m'aimez, avec honneur.
– Cet enfant mort! Ma gloire future! Je pourrais sangloter! *(Il sort).*

Tête d'or (première version), Mercure de France, 1890.

Lire

1. Pourquoi la Princesse se dépouille-t-elle de ses parures ?

2. « Que pèse une vie de plus que le poids d'une herbe » (l. 26) : que faut-il entendre par là ?

3. « Le soleil de la putréfaction » (l. 28) : comment comprenez-vous cette métaphore* ?

4. « Mon temps commence » (l. 51) : quelle est la valeur du mot « temps » dans cette expression ?

Écrire

5. Pourquoi Claudel va-t-il si souvent à la ligne ? Cela correspond-il à votre avis à l'intonation qu'il voudrait que le comédien prenne ou au sens – ou à une intention autre ? Justifiez votre réponse par des exemples précis.

6. Ce théâtre vous paraît-il facile à déclamer ? Faites des expériences à l'oral : comment dire ces phrases ?

Dans un second temps, à l'écrit, vous tenterez de cerner à quel genre appartient ce théâtre : drame ou tragédie ? Et à quel style appartient cette écriture ? lyrique ? épique ? Justifiez toutes vos réponses par des exemples précis soigneusement analysés.

Chercher

7. « Morale nietzschéenne », a-t-on dit de *Tête d'or*. Que signifie cette expression ? Qui était Nietzsche ? Quelle était sa morale ?

Dans un second temps, vous trouverez, dans le texte, tout ce qui identifie *Tête d'or* au mythe nietzschéen du « surhomme ».

19 Edmond Rostand (1868-1918)

Cyrano de Bergerac, acte I, scènes 3 et 4 (1897)

Rostand est à peine connu lorsqu'il ose, en pleine vogue du théâtre naturaliste et réaliste toujours en prose, proposer une pièce en vers d'un romantisme échevelé, une histoire d'amour et d'humour qui se finit dans le sang – cousant ensemble comédie et drame.

En ce tout début de pièce, nous sommes à l'Hôtel de Bourgogne, où le comédien Montfleury commence à débiter le rôle de Phédon dans *La Clorise*, une pièce précieuse de Baro. Et nous savons que Cyrano, qui n'est pas encore apparu, a décidé d'« interdire » au comédien de jouer.

SCÈNE 3 – MONTFLEURY, *après avoir salué, jouant le rôle de Phédon.*

« Heureux qui loin des cours, dans un lieu solitaire,
Se prescrit à soi-même un exil volontaire,
Et qui, lorsque Zéphire a soufflé sur les bois… »

UNE VOIX, *au milieu du parterre.*

Coquin, ne t'ai-je pas interdit pour un mois ?

Stupeur. Tout le monde se retourne. Murmures.

VOIX DIVERSES

Hein ? – Quoi ? – Qu'est-ce ?…

On se lève dans les loges, pour voir.

CUIGY

C'est lui !

LE BRET, *terrifié.*

Cyrano !

LA VOIX

Roi des pitres,
Hors de scène à l'instant !

TOUTE LA SALLE, *indignée.*

Oh !

MONTFLEURY

Mais…

LA VOIX

Tu récalcitres ?

VOIX DIVERSES, *du parterre, des loges.*

Chut ! – Assez ! – Montfleury, jouez ! – Ne craignez rien !…

MONTFLEURY, *d'une voix mal assurée.*

« Heureux qui loin des cours dans un lieu sol… »

LA VOIX, *plus menaçante.*

Eh bien ?
Faudra-t-il que je fasse, ô Monarque des drôles,
Une plantation de bois sur vos épaules ?

Une canne au bout d'un bras jaillit au-dessus des têtes.

MONTFLEURY, *d'une voix de plus en plus faible.*

« Heureux qui… »

La canne s'agite.

LA VOIX

Sortez !

LE PARTERRE

Oh !

MONTFLEURY, *s'étranglant.*
« Heureux qui loin des cours… »

CYRANO, *surgissant du parterre, debout sur une chaise, les bras croisés, le feutre en bataille, la moustache hérissée, le nez terrible.*

Ah ! je vais me fâcher !…

Sensation à sa vue.

SCÈNE 4 – MONTFLEURY, *aux marquis.*
Venez à mon secours,
Messieurs !

UN MARQUIS, *nonchalamment.*
Mais jouez donc !

CYRANO
Gros homme, si tu joues
Je vais être obligé de te fesser les joues !

LE MARQUIS
Assez !

CYRANO
Que les marquis se taisent sur leurs bancs,
Ou bien je fais tâter ma canne à leurs rubans !

TOUS LES MARQUIS, *debout.*
C'en est trop !… Montfleury…

CYRANO
Que Montfleury s'en aille.
Ou bien je l'essorille[1] et le désentripaille !

1 Arracher les oreilles.

UNE VOIX

Mais…

CYRANO

Qu'il sorte !

UNE AUTRE VOIX

Pourtant…

CYRANO

Ce n'est pas encor fait ?

Avec le geste de retrousser ses manches.

Bon ! je vais sur la scène en guise de buffet,
Découper cette mortadelle d'Italie !

MONTFLEURY, *rassemblant toute sa dignité.*

En m'insultant, Monsieur, vous insultez Thalie[2] !

CYRANO, *très poli.*

Si cette Muse, à qui, Monsieur, vous n'êtes rien,
Avait l'honneur de vous connaître, croyez bien
Qu'en vous voyant si gros et bête comme une urne,
Elle vous flanquerait quelque part son cothurne[3].

Lire

1. Comment comprenez-vous : « loin des cours » (v. 1) ; « Monarque des drôles » (v. 9) ; « Une plantation de bois » (v. 10) ; « je fais tâter ma canne à leurs rubans » (v. 16); « Découper cette mortadelle d'Italie » (v. 21) ; « Elle vous flanquerait quelque part son cothurne » (v. 26) ?

2. Quels renseignements physiques avons-nous sur Montfleury ?

3. Pourquoi Cyrano devient-il « très poli » à la dernière réplique ?

---

2 Muse grecque de la comédie.

3 Chaussure à semelle très épaisse que portaient les acteurs grecs sur scène (voir p. 18).

Écrire

4. Quel effet produit le fait de ne pas montrer tout de suite Cyrano ? Pourquoi fait-il « sensation » en apparaissant ? Est-il connu ? Pour quels motifs, physiques ou psychologiques ?

5. Que pensez-vous de l'idée de représenter une représentation ? Quel poids particulier cela donne-t-il aux personnages ?

Chercher

6. Qui fut le véritable Cyrano de Bergerac ? Qu'a-t-il écrit ? Quelle était sa personnalité ?

7. En vous appuyant sur les renseignements que donne le texte, expliquez à quoi pouvait bien ressembler la salle de théâtre de l'Hôtel de Bourgogne. Comment étaient distribués parterre et loges ? Où étaient installés les « marquis » dont il est ici question ?

Dans un second temps, ouvrez *Cyrano de Bergerac* et confrontez votre idée à la description précise qui est faite de ce lieu par Rostand lui-même, au tout début de l'acte I.

8. Quelles autres pièces ont valu à Rostand, par la suite, une popularité encore accrue ?

9. Quels ont été les grands interprètes du rôle de Cyrano ? Trouvez-en au moins trois.

20 Luigi Pirandello (1867-1936)

Six personnages en quête d'auteur (1921)

Pirandello est déjà célèbre en Italie comme poète, essayiste, romancier et homme de théâtre lorsqu'il fait jouer *Six personnages en quête d'auteur*, où des comédiens réunis sur le plateau d'un théâtre se retrouvent confrontés à des « personnages » qui cherchent un auteur pour leur prêter une existence et des interprètes pour leur donner vie. Il atteint avec cette pièce un public international.

C'est la première d'une trilogie consacrée au « théâtre dans le théâtre », qui se continuera avec *On ne sait jamais tout* (1924) et *Ce soir, on improvise* (1930). C'est sans doute au succès mondial de *Six personnages en quête d'auteur* qu'il doit de recevoir le prix Nobel de littérature en 1934.

LE CONCIERGE, *sa casquette à la main.*
Je vous demande pardon, monsieur le Directeur.

LE DIRECTEUR, *vivement, rogue*[1].
Qu'est-ce qu'il y a encore ?

LE CONCIERGE, *timidement.*
C'est ces messieurs dames qui vous demandent.

Du plateau, le Directeur et les Acteurs se tournent, étonnés, pour regarder dans la salle.

LE DIRECTEUR, *de nouveau furieux.*
Mais je suis en pleine répétition ! Et vous savez bien que pendant les répétitions personne ne doit entrer ! *(Vers le fond de la salle :)* Qui êtes-vous ? Qu'est-ce que vous voulez ?

LE PÈRE, *s'avançant, suivi des autres, jusqu'à l'un des petits escaliers.*
Nous sommes à la recherche d'un auteur.

LE DIRECTEUR, *mi-abasourdi*[2], *mi-furieux.*
D'un auteur ? Quel auteur ?

LE PÈRE
N'importe lequel, monsieur.

LE DIRECTEUR
Mais il n'y a pas le moindre auteur ici, car nous n'avons pas la moindre pièce nouvelle en répétition.

---

1 Désagréable, cassant.
2 Stupéfait.

LA BELLE-FILLE, *avec une vivacité gaie, gravissant rapidement le petit escalier.*
Alors, tant mieux, monsieur, tant mieux ! Nous allons pouvoir être votre pièce nouvelle.

L'UN DES ACTEURS, *au milieu des commentaires animés et des rires des autres.*
Non mais, vous entendez ça !

LE PÈRE, *rejoignant la Belle-Fille sur le plateau.*
Oui, mais s'il n'y a pas d'auteur ici !... *(Au Directeur :)* À moins que vous ne vouliez l'être vous-même...

La Mère, tenant la Fillette par la main, et l'Adolescent gravissent les premières marches du petit escalier. Le Fils reste en bas, renfrogné.

LE DIRECTEUR, *au Père et à la Belle-Fille.*
C'est une plaisanterie ?

LE PÈRE
Non, monsieur, que dites-vous là ! Bien loin de plaisanter, nous vous apportons un drame douloureux.

LA BELLE-FILLE
Et nous pouvons faire votre fortune !

LE DIRECTEUR
Voulez-vous me faire le plaisir de vous en aller : nous n'avons pas de temps à perdre avec des fous !

LE PÈRE, *blessé mais mielleux.*
Oh, monsieur, vous savez bien que la vie est pleine d'innombrables absurdités qui poussent l'impudence[3] jusqu'à n'avoir même pas besoin de paraître vraisemblables : parce qu'elles sont vraies.

LE DIRECTEUR
Que diable racontez-vous là ?

3 Prétention.

LE PÈRE

Je veux dire que ce que l'on peut réellement estimer une folie, c'est quand on s'efforce de faire le contraire; c'est-à-dire d'en créer de vraisemblables afin qu'elles paraissent vraies. Mais permettez-moi de vous faire observer que, si c'est là de la folie, c'est pourtant l'unique raison d'être de votre métier.

Les Acteurs s'agitent, indignés.

LE DIRECTEUR, *se levant et le toisant*[4].

Ah, vraiment? Vous trouvez que notre métier est un métier de fous?

LE PÈRE

Oh, quoi! faire paraître vrai ce qui ne l'est pas; et cela sans nécessité, monsieur : par jeu… Est-ce que votre fonction n'est pas de donner vie sur la scène à des personnages imaginaires?

LE DIRECTEUR, *vivement, se faisant l'interprète de l'indignation grandissante de ses Acteurs.*

Mais moi, cher monsieur, je vous serais obligé de croire que la profession de comédien est une très noble profession! Si, au jour d'aujourd'hui, messieurs les nouveaux auteurs dramatiques ne nous donnent à porter à la scène que des pièces stupides et des pantins au lieu d'êtres humains, sachez que c'est notre fierté d'avoir donné vie – ici, sur ces planches – à des œuvres immortelles!

Les Acteurs, satisfaits, approuvent et applaudissent leur Directeur.

Six personnages en quête d'auteur,
trad. M. Arnaud, Éditions Gallimard, 1977.

4 Dominant avec mépris.

Lire

1. Que forment les « personnages » qui s'avancent ? Quel lien les unit ? En fonction des renseignements qui nous sont fournis dans une didascalie*, quels sont les autres personnages muets de cette petite troupe ?

2. Pourquoi la « Belle-Fille » est-elle si contente ?

3. « Nous allons pouvoir être votre pièce nouvelle » (l. 14-15) : en vous appuyant aussi sur le titre de la pièce, comment comprenez-vous cette réplique ?

4. Retrouvez tous les termes qui évoquent ici la « folie » : à quels autres termes s'opposent-ils ?

5. Que faut-il entendre par « absurdités vraies » (l. 28-30) ? Comment s'appelle cette figure de style ?

Écrire

6. Pourquoi les propos du « Père » provoquent-ils « l'indignation grandissante » des acteurs ?

7. Plusieurs répliques sont des réflexions sur le fait théâtral lui-même. Retrouvez-les et analysez-les.

8. Soyez l'auteur : écrivez un dialogue qui, conformément au vœu des « personnages » de la pièce, leur donne vie. Vous tiendrez compte de ce que dit le Père : « Nous vous apportons un drame douloureux » (l. 23-24), mais vous pourrez le traiter sur le ton qu'il vous plaira.

Chercher

9. Quelles autres pièces (de Molière, par exemple, ou de Giraudoux) mettent en scène des acteurs interprétant leur propre rôle ?

Dans cet ouvrage, quelle comédie de Corneille représente une représentation ?

Comment appelle-t-on ce procédé (voir p. 25) ? Quelle est sa portée ?

21 Jean Cocteau (1889-1963)

La Machine infernale, prologue (1934)

Poète, dessinateur et homme de théâtre, Cocteau reprend le mythe d'Œdipe tel que l'avait constitué Sophocle, en s'efforçant d'oublier ce que lui a, entre temps, apporté Freud. *La Machine infernale* est précédée d'un prologue, où une voix tombe des cintres et raconte l'histoire au spectateur moderne.

La Voix

« Il tuera son père. Il épousera sa mère. »

Pour déjouer cet oracle d'Apollon, Jocaste, reine de Thèbes, abandonne son fils, les pieds troués et liés, sur la montagne. Un berger de Corinthe trouve le nourrisson et le porte à Polybe. Polybe et Mérope, roi et reine de Corinthe, se lamentaient d'une couche stérile. L'enfant, respecté des ours et des louves, Œdipe, ou *Pieds percés*, leur tombe du ciel. Ils l'adoptent.

Jeune homme, Œdipe interroge l'oracle de Delphes.

Le dieu parle : *Tu assassineras ton père et tu épouseras ta mère.* Donc il faut fuir Polybe et Mérope. La crainte du parricide et de l'inceste le jette vers son destin.

Un soir de voyage, au carrefour où les chemins de Delphes et de Daulie se croisent, il rencontre une escorte. Un cheval le bouscule ; une dispute éclate ; un domestique le menace ; il riposte par un coup de bâton. Le coup se trompe d'adresse et assomme le maître. Ce vieillard mort est Laïus, roi de Thèbes. Et voici le parricide.

L'escorte craignant une embuscade a pris le large. Œdipe ne se doute de rien ; il passe. Au reste, il est jeune, enthousiaste ; il a vite oublié cet accident.

Pendant une de ses haltes, on lui raconte le fléau du Sphinx. Le Sphinx, « la Jeune fille ailée », « la Chienne qui chante », décime la jeunesse de Thèbes. Ce monstre pose une devinette et tue ceux qui ne la devinent pas. La reine Jocaste, veuve de Laïus, offre sa main et sa couronne au vainqueur du Sphinx.

Comme s'élancera le jeune Siegfried, Œdipe se hâte. La curiosité, l'ambition le dévorent. La rencontre a lieu. De quelle nature, cette rencontre ?

Mystère. Toujours est-il que le jeune Œdipe entre à Thèbes en vainqueur et qu'il épouse la reine. Et voilà l'inceste.

Pour que les dieux s'amusent beaucoup, il importe que leur victime tombe de haut. Des années s'écoulent, prospères. Deux filles, deux fils compliquent les noces monstrueuses. Le peuple aime son roi. Mais la peste éclate. Les dieux accusent un criminel anonyme d'infecter le pays et ils exigent qu'on le chasse. De recherche en recherche et comme enivré de malheur, Œdipe arrive au pied du mur. Le piège se ferme. Lumière est faite. Avec son écharpe rouge Jocaste se pend. Avec la broche d'or de la femme pendue, Œdipe se crève les yeux.

Regarde, spectateur, remontée à bloc, de telle sorte que le ressort se déroule avec lenteur tout le long d'une vie humaine, une des plus parfaites machines construites par les dieux infernaux pour l'anéantissement mathématique d'un mortel.

La Machine infernale, Grasset, 1934.

Lire

1. À quel temps est racontée cette histoire ? Pourquoi ?

2. Relevez tous les termes qui évoquent le caractère implacable du destin.

3. « Comme enivré de malheur » (l. 31) : expliquez.

Écrire

4. Relevez les termes qui alimentent la métaphore filée* de la machine dans le dernier paragraphe. Pourquoi parler d'« anéantissement mathématique » (l. 36) ? Comment, dès lors, comprenez-vous le titre de la pièce ? Que signifie, en particulier, « infernale » ? Montrez que Cocteau joue sur la polysémie du mot.

5. « La Jeune fille ailée » (l. 19), « la Chienne qui chante » (l. 19) : racontez la légende exacte du Sphinx (quelle était la question à laquelle seul Œdipe a su répondre ?) et proposez trois autres surnoms de votre invention.

Chercher

6. Situez sur une carte de Grèce tous les lieux dont parle Cocteau et tracez exactement l'itinéraire d'Œdipe.

7. « Comme s'élancera le jeune Siegfried » (l. 23) : à quelle légende Cocteau fait-il allusion ? Quel rapport voyez-vous avec celle d'Œdipe ?
8. « Deux filles, deux fils » (l. 28) : quels étaient les noms des enfants d'Œdipe ? Quel autre personnage essentiel de la légende, le seul qui ait su qui était Œdipe et lui ait finalement révélé son destin, n'est pas nommé ici ?
9. Freud fonde la psychanalyse à la fin du XIXe siècle en inventant ce qu'il appelle le « complexe d'Œdipe ». De quoi s'agit-il ?

22 Antonin Artaud (1896-1948)

Les Cenci, acte II, scène 3 (1935)

Poète, acteur et homme de théâtre, Artaud emprunte le sujet des *Cenci* à l'écrivain anglais Percy Bysshe Shelley (1792-1822) et aux *Chroniques italiennes* (1837) de Stendhal. Béatrice Cenci, battue et violée par son père, décide de le tuer avec l'aide de sa belle-mère Lucrétia et de son frère Giacomo. Bernardo, personnage falot et efféminé, est son autre frère, qu'elle aime éperdument et qu'elle protège en le tenant à l'écart. Le meurtre, exécuté par des hommes de main, réussit, mais tout est découvert, et Béatrice et ses complices sont torturés et exécutés.

Au plafond du théâtre une roue tourne comme sur un axe, qui en traverserait le diamètre.

Béatrice, suspendue par les cheveux et poussée par un garde qui lui tire les bras en arrière, marche selon l'axe de la roue.

Tous les deux ou trois pas qu'elle fait, un cri monte avec un bruit de treuil, de roue qu'on tourne, ou de poutres écartelées, venant d'un coin différent de la scène.

La prison dégage le bruit d'une usine en plein mouvement.

BÉATRICE – BERNARDO

BERNARDO. – Tu les entends… Pas un coin de cette prison maudite où l'on s'arrête de tourmenter.

BÉATRICE. – L'étonnant est que vous ayez pu attendre de cette prison qui s'appelle vivre autre chose que des tourments.

Bernardo, comme ivre d'admiration, s'avance vers Béatrice. Lui aussi a les mains liées, mais ses pieds sont libres. Il la précède et tourne autour d'elle, et décrit en parlant un cercle complet.

BERNARDO. – Béatrice, j'ignore quel sort nous est à tous deux réservé, mais depuis que je te vois vivre, je peux te dire qu'une âme comme la tienne, jamais mon âme ne pourra l'oublier.

Un temps. Béatrice continue à tourner.

BÉATRICE. – Adieu. Pleure, mais ne désespère pas. Pour l'amour de toi-même, je t'en conjure, sois fidèle à l'amour que tu m'as voué.

La roue tourne. La prison crie.

Je te laisse comme un vieux legs les paroles d'une musique qui guérissent du mal d'exister.

Une musique très douce et très dangereuse s'élève.

Comme un dormeur qui trébuche, égaré
dans les ténèbres d'un rêve plus atroce
que la mort même,
hésite avant de rouvrir la paupière
car il sait qu'accepter de vivre,
c'est renoncer à se réveiller.
Ainsi, avec une âme marquée
des tares que m'a values la vie,
je rejette vers le dieu qui m'a faite
cette âme comme un incendie
qui le guérisse de créer.

Le soldat s'est arrêté, et il pleure.
On entend un remue-ménage dans les caves de la prison.

BERNARDO. – Ils viennent.
Laisse-moi baiser tes lèvres chaudes,
avant que le feu qui détruit tout
ne détruise leurs pétales lisses ;
avant que tout ce qui fut Béatrice
ne finisse
comme un grand vent.

Béatrice l'entoure de ses bras, puis le regarde et l'embrasse en le renversant.

Entre Camillo, avec Lucrétia, Giacomo, des gardes.

CAMILLO, *s'essuyant la face.* – Il est temps que cette histoire finisse. Je me sens malade d'horreur.

À Béatrice.

Allons, avoue. Tes muets ont signé leur culpabilité.

LUCRETIA. – Béatrice, quand le péché est commis, il est temps de songer à la pénitence ; et ne pas se laisser déchirer les membres par une inutile obstination.

GIACOMO. – Béatrice, l'âme du complot est en fuite : Orsino a passé la porte du Pincio déguisé en charbonnier. D'ailleurs c'est assez de tortures. Les conjurés n'ont plus qu'à payer.

BÉATRICE. – Payer quoi ? J'accepte le crime, mais je nie la culpabilité.

Les Cenci in *Œuvres complètes,* Éditions Gallimard, 1935.

Lire

1. Quel est le principal élément du décor ? Quelle est sa valeur plastique ? et symbolique ? Quels autres éléments, dans cette scène, sont identiques ?

2. Que signifie « tourmenter » dans le vocabulaire judiciaire ? Quelle expression, dans les dernières répliques de la scène, explicite les « tourments » ?

3. « Cette prison qui s'appelle vivre » (l. 10-11) : quel est le sens de cette métaphore* ?

4. Quelle est la figure de style utilisée dans la didascalie* (l. 21) : « La prison crie » ?

Écrire

5. Artaud a rédigé un grand nombre de didascalies* à la fois précises et littéraires. Analysez-les : quelles indications de mise en scène donnent-elles ? Qu'en pensez-vous ? Dans quelle mesure participent-elles au projet d'Artaud de réaliser un « théâtre de la cruauté » ?

6. Analysez les comparaisons* dans la chanson de Béatrice.

7. « Mes héros doivent être jugés en dehors du bien et du mal », affirme Artaud. « J'accepte le crime, mais je nie la culpabilité » (l. 57), clame Béatrice. Que pensez-vous de cette distinction ? Comment peut-il y avoir un crime sans responsabilité ? Peut-il, à l'inverse, y avoir une culpabilité sans crime ? À partir du cas de Béatrice Cenci, que vous pourrez réutiliser, étayez votre raisonnement d'exemples précis.

8. Il existe un portrait de Béatrice Cenci, peut-être exécuté d'après nature par Guido Reni, qui se trouve au Palazzio Barberini à Rome. Vous pouvez bien sûr en chercher une reproduction. Mais en fonction des renseignements psychologiques qui vous sont fournis par le texte, efforcez-vous plutôt de composer vous-même par écrit le portrait physique de cette adolescente qui n'a pas eu le temps de grandir et a excité l'imagination des peintres et des littérateurs.

Chercher

9. Lisez la nouvelle de Stendhal. Quel âge avait Béatrice lorsque son père abusa d'elle ? Et lorsqu'elle fut exécutée ? Quels sont les détails exacts de cette histoire qui fit couler beaucoup d'encre ?

10. Le spectacle représenté en 1935 se déroula dans des décors signés du peintre Balthus. Renseignez-vous sur ce peintre et ses œuvres. Dans quelle mesure ses toiles éclairent-elles le thème de la cruauté cher à Artaud ?

23 Jean Giraudoux (1882-1944)

Électre, acte I, scène 1 (1937)

Diplomate comme Claudel ou Saint-John Perse, Giraudoux est avant tout un brillant intellectuel : on lui reprochera assez de produire des pièces trop bien écrites, trop intelligentes, trop bien construites.

Il reprend la légende d'Électre telle que les Grecs nous l'ont transmise – à ceci près qu'il fait parler à ses personnages une langue presque contemporaine. Nous sommes ici au tout début de la pièce.

Un étranger (Oreste) entre escorté de trois petites filles, au moment où, de l'autre côté, arrivent le jardinier, en costume de fête, et les invités villageois.

Première petite Fille. – Ce qu'il est beau, le jardinier !

Deuxième petite Fille. – Tu penses ! C'est le jour de son mariage.

Troisième petite Fille. – Le voilà, Monsieur, votre palais d'Agamemnon !

L'Étranger. – Curieuse façade !... Elle est d'aplomb ?

Première petite Fille. – Non. Le côté droit n'existe pas. On croit le voir, mais c'est un mirage. C'est comme le jardinier qui vient là, qui veut vous parler. Il ne vient pas. Il ne va pas pouvoir dire un mot.

Deuxième petite Fille. – Ou il va braire. Ou miauler.

Le Jardinier. – La façade est bien d'aplomb, étranger ; n'écoutez pas ces menteuses. Ce qui vous trompe, c'est que le corps de droite est construit en pierres gauloises qui suintent à certaines époques de l'année. Les habitants de la ville disent alors que le palais pleure. Et que le corps de gauche est en marbre d'Argos, lequel, sans qu'on ait jamais su pourquoi, s'ensoleille soudain, même la nuit. On dit alors que le palais rit. Ce qui se passe, c'est qu'en ce moment le palais rit et pleure à la fois.

Première petite Fille. – Comme cela il est sûr de ne pas se tromper.

Deuxième petite Fille. – C'est tout à fait un palais de veuve.

Première petite Fille. – Ou de souvenirs d'enfance.

L'Étranger. – Je ne me rappelais pas une façade aussi sensible...

Le Jardinier. – Vous avez déjà visité le palais ?

Première petite Fille. – Tout enfant.

Deuxième petite Fille. – Il y a vingt ans.

Troisième petite Fille. – Il ne marchait pas encore…

Le Jardinier. – On s'en souvient, pourtant, quand on l'a vu.

L'Étranger. – Tout ce que je me rappelle, du palais d'Agamemnon, c'est une mosaïque. On me posait dans un losange de tigres quand j'étais méchant, et dans un hexagone de fleurs quand j'étais sage. Et je me rappelle le chemin qui me menait rampant de l'un à l'autre… On passait par des oiseaux.

Première petite Fille. – Et par un capricorne.

L'Étranger. – Comment sais-tu cela, petite ?

Le Jardinier. – Votre famille habitait Argos ?

L'Étranger. – Et je me rappelle aussi beaucoup, beaucoup de pieds nus. Aucun visage, les visages étaient haut dans le ciel, mais des pieds nus. J'essayais, entre les franges, de toucher leurs anneaux d'or. Certaines chevilles étaient unies par des chaînes ; c'était les chevilles d'esclaves. Je me rappelle surtout deux petits pieds tout blancs, les plus nus, les plus blancs. Leur pas était toujours égal, sage, mesuré par une chaîne invisible. J'imagine que c'était ceux d'Électre. J'ai dû les embrasser, n'est-ce pas ? Un nourrisson embrasse tout ce qu'il touche.

Deuxième petite Fille. – En tout cas, c'est le seul baiser qu'ait reçu Électre.

Le Jardinier. – Pour cela, sûrement.

Première petite Fille. – Tu es jaloux, hein, jardinier ?

L'Étranger. – Elle habite toujours le palais, Électre ?

Deuxième petite Fille. – Toujours. Pas pour longtemps.

L'Étranger. – C'est sa fenêtre, la fenêtre aux jasmins ?

Le Jardinier. – Non. C'est celle de la chambre où Atrée, le premier roi d'Argos, tua les fils de son frère.

Première petite Fille. – Le repas où il servit leurs cœurs eut lieu dans la salle voisine. Je voudrais bien savoir quel goût ils avaient.

Troisième petite Fille. – Il les a coupés, ou fait cuire entiers ?

Deuxième petite Fille. – Et Cassandre fut étranglée dans l'échauguette.

Troisième petite Fille. – Ils l'avaient prise dans un filet et la poignardaient. Elle criait comme une folle, dans sa voilette… J'aurais bien voulu voir.

Première petite Fille. – Tout cela dans l'aile qui rit, comme tu le remarques.

L'Étranger. – Celle avec les roses ?

Le Jardinier. – Étranger, ne cherchez aucune relation entre les fenêtres et

Eugène Emmanuel Viollet-le-Duc (1814-1879), *Le Théâtre grec de Taormine*, 1839,
© Centre des Monuments Nationaux, Paris.

Lecture d'image

1. Qui était Viollet-le-Duc ? Sur quel monument français a-t-il particulièrement travaillé ? En quoi sa formation première transparaît-elle dans cette représentation ? En quoi ses principales tendances esthétiques se lisent-elles ici ?

2. Où se trouve Taormina ? Quel volcan domine cette ville ?

3. À l'époque où fut construit le théâtre, qui l'occupait ? Quelles pièces y jouait-on ?

4. Viollet-le-Duc dépeint-il le théâtre tel qu'il l'a vu ? Pourquoi ? Que représente-t-il, en fait ? En quoi le décor dans lequel il insère son tableau participe-t-il du sujet ?

Antoine Watteau (1684-1721), *L'Amour au théâtre français*, ap. 1716, Staatliche Museum, Berlin, © Jörg P. Anders/BPK.

Lecture d'image

1. Quels éléments de costumes nous renseignent sur la date du tableau ? Quel personnage est mis en valeur par l'éclairage ? Pourquoi ?

2. Quelle actrice de cette époque triomphait alors à la scène ? Quel auteur de comédies l'a particulièrement employée (voir texte 12) ?

3. Quels éléments, dans la peinture du fond, prouvent que nous avons affaire ici à une scène de théâtre ?

4. Que signifie, symboliquement, le fait de peindre un décor peint ? En quoi la peinture par Watteau d'une représentation nous donne-t-elle un indice sur ce que signifiait le théâtre pour les gens de cette époque ?

5. Quel dialogue peuvent bien échanger les personnages, dans ce tableau ?

Joshua Reynolds (1723-1792), *Mrs Siddons en muse de la Tragédie*, 1784, Huntington Art Collection, San Marino (Californie), © Francis G. Mayer/Corbis.

Lecture d'image

1. Qui était Reynolds ?

2. Qui était Mrs Siddons ?

3. Avons-nous besoin du titre pour comprendre le sujet de ce tableau ? Quels éléments, dans le décor, nous renseignent ?

4. Qui était, chez les Grecs, la muse de la Tragédie ?

5. L'habit de Mrs Siddons est-il conforme au titre ? Pourquoi ? Qu'est-ce qui, dans l'éclairage en particulier, correspond à l'esthétique tragique ? Que regarde Mrs Siddons ?

Alexandre Cabanel (1823-1889), *Phèdre*, 1880,

Lecture d'image

1. Qui était Alexandre Cabanel ? À quel courant pictural appartient-il ?

2. Quel(s) moment(s) de la pièce de Racine (*Phèdre*) le peintre a-t-il, selon vous, choisi d'illustrer ici ? Qu'est-ce qui, dans le tableau, peut nous renseigner à ce sujet ?

3. Comment Cabanel met-il en scène les déchirements de la passion qui habite Phèdre ? Quels éléments, dans la lumière, participent de cette mise en scène ? Pourquoi, à votre avis, Phèdre est-elle largement déshabillée ?

les fleurs. Je suis le jardinier du palais. Je les fleuris bien au hasard. Ce sont toujours des fleurs.

Deuxième petite Fille. – Pas du tout. Il y a fleur et fleur. Le phlox va bien mal sur Thyeste.

Troisième petite Fille. – Et le réséda sur Cassandre.

Le Jardinier. – Vont-elles se taire ! La fenêtre avec les roses, étranger, est celle de la piscine où notre roi Agamemnon, le père d'Électre, glissa, revenant de la guerre, et se tua, tombant sur son épée.

Première petite Fille. – Il prit son bain après sa mort. À deux minutes près. Voilà la différence.

Le Jardinier. – La voilà, la fenêtre d'Électre.

L'Étranger. – Pourquoi si haut, presque aux combles ?

Le Jardinier. – Parce que, de cet étage, on voit le tombeau de son père.

L'Étranger. – Pourquoi dans ce retrait ?

Le Jardinier. – Parce que c'est l'ancienne chambre du petit Oreste, son frère, que sa mère envoya hors du pays quand il avait deux ans, et dont on n'a plus de nouvelles.

Deuxième petite Fille. – Écoutez, écoutez, mes sœurs ! On parle du petit Oreste !

Le Jardinier. – Voulez-vous partir ! Allez-vous nous laisser ! On dirait des mouches.

Électre, Grasset.

Lire

1. Qui est l'Étranger ?

2. Quels éléments du texte nous permettent d'affirmer qu'Électre vit dans le culte du souvenir ?

3. Quelle expression, à propos du palais, nous a préparés à cette idée ?

4. En quoi les souvenirs de l'Étranger sont-ils spécifiquement des souvenirs de toute petite enfance ?

5. Quels éléments nous permettent d'affirmer que le palais d'Argos est prédestiné aux événements violents ?

Écrire

6. Atrée, Électre, Oreste, Thyeste, Cassandre, Agamemnon : cette scène d'exposition nous rappelle sur quelles légendes s'appuie la pièce. Mais au fait, quelles sont ces légendes ? Reprenez tous les noms propres cités dans ce dialogue et expliquez qui ils sont.

7. Relevez dans ce dialogue tout ce qui présente les choses sous deux aspects antithétiques. Quelle est la fonction de ces oppositions ?

8. Comparez cette scène d'exposition avec la scène symétrique écrite par Sartre (texte 25). Quel mot, dans l'œuvre de Giraudoux, annonce celle de Sartre ? Quels sont les points communs ? les différences ?

Chercher

9. On s'apercevra que les petites filles sont aussi les Euménides. Quelle était la fonction de ces divinités ? Quel était leur autre nom ?

10. Certains psychanalystes, à la suite de Carl Gustav Jung, parlent de « complexe d'Électre » – spécifique aux filles. De quoi s'agit-il ? Quel rapport avec le « complexe d'Œdipe » des garçons ?

24 Bertolt Brecht (1898-1956)

La Résistible Ascension d'Arturo Ui, prologue (1941)

Dramaturge reconnu et homme de gauche, Brecht doit quitter son Allemagne natale dès 1933. Il erre en France, au Danemark, en Finlande ou en URSS avant de se fixer aux États-Unis, où il écrit *Arturo Ui*, satire violente du régime nazi, explicitement comparé au gangstérisme mafieux des années 1920.

Devant le rideau de toile s'avance le bonimenteur. Sur le rideau sont collés des écriteaux en grosses lettres : « Le scandale des subventions aux Docks », « La lutte autour du testament et des aveux du vieil Hindsborough », « Coup de théâtre au procès de l'incendiaire des entrepôts », « Le gangster Ernesto Roma liquidé par ses amis », « Intimidation et assassinat d'Ignace Dollfoot », « Cicero[1] aux mains des gangsters ». *Derrière le rideau, une musique de foire.*

1 Localité proche de Chicago.

LE BONIMENTEUR

Cher public, nous vous présentons
– Taisez-vous, les gens tout au fond !
Chapeau là-bas, la jolie dame ! –
Des gangsters l'historique drame :
Inédites révélations
Sur la scandaleuse affaire
De la pseudo-subvention
Aux pseudo-travaux portuaires.
Nous vous montrons également
Les aveux d'Hindsborough avec son testament ;
L'ascension d'Arthur Ui au milieu de la baisse ;
Vous verrez comment rebondit
Le tristement fameux procès de l'incendie,
Le meurtre de Dollfoot, la Justic' dans les pommes,
Les gangsters en famille, ou la mort d'Ernest Rome,
Et pour apothéose, en un dernier tableau,
Les gangsters s'emparant enfin de Cicero.
Vous allez voir, joués par les plus grands acteurs,
Les illustres héros du monde des gangsters :
Gangsters morts et gangsters vivants,
Provisoires ou permanents,
Ceux qui sont nés gangsters ou le sont devenus,
Tel ce vieil Hindsborough, modèle des vertus.

Le vieil Hindsborough s'avance devant le rideau.

L'âme est noire, les cheveux blancs.
Salue un peu, vieux dégoûtant !

Le vieil Hindsborough se retire après avoir salué.

Vous y verrez aussi, tiens, déjà le voilà
Qui paraît,

Gobbola s'est avancé devant le rideau.

Le fleuriste appelé Gobbola.
Lui, le gueuloir graissé de pommad' synthétique,
Vous vendra des vessies pour des lamp's électriques.
Le mensonge, dit-on, a les pieds raccourcis :
Regardez voir un peu les pieds de celui-ci.

Gobbola se retire en boitant.
Au tour d'Ermanuel Gori, le clown vedette !
Sors de ton trou, et fais voir ta binette !
Gori s'avance devant le rideau et salue de la main.
Un des plus grands tueurs de toute la chronique.
Fous le camp !
Gori se retire, l'air vexé.
Et voici, curiosité unique,
Le gangster des gangsters, le tristement célèbre
Arturo Ui, fléau que le ciel en colère
Envoya nous punir de nos iniquités[2],
Nos crimes, nos erreurs et notre lâcheté !
Ui s'avance devant le rideau et marche le long de la rampe.
Comment ne point penser à Richard le Troisième ?
Jamais, depuis le temps de Lancastre et Tudor,
Jamais on n'avait vu la même
Histoire de flamme et de mort.
Vu, honorable société,
L'exceptionnel intérêt du spectacle,
La direction n'a reculé
Ni devant les frais, ni devant les taxes :
Tout est représenté en grand style tragique,
Mais sans quitter d'un pas le réel authentique.
Nous ne vous montrons pas une fiction nouvelle,
Rien d'inventé ou bien d'imaginaire,
D'expurgé, de refait afin de mieux vous plaire.
Ce que nous vous montrons est partout bien connu :
Le drame de gangsters que chacun a vécu.

La musique joue plus fort, accompagnée d'un crépitement de mitraillette ; le bonimenteur se retire.

La Résistible Ascension d'Arturo Ui,
trad. A. Jacob, L'Arche Éditeur, Paris, 1976.

2 Injustices.

Lire

1. Qu'est-ce qu'un bonimenteur ? Dans quelle forme théâtrale les troupes avaient-elles recours à un tel personnage ? Quels éléments du décor ou de la bande sonore nous rappellent cette ambiance ?

2. Quels éléments, dans le discours du Bonimenteur, appartiennent au style de l'annonce publique ? et au langage populaire ?

3. En quoi la versification est-elle facile ? Pourquoi avoir écrit en vers de mirliton ? Est-ce bien là le « grand style tragique » ? Quel est dès lors le sens de l'affirmation grandiloquente du Bonimenteur ?

4. Retrouvez au moins quatre éléments mis en antithèse*.

5. À quel souverain anglais le Bonimenteur compare-t-il Arturo Ui ? Qui était-il ?

Écrire

6. Chacun des personnages présentés porte un nom qui doit évoquer au spectateur le nom d'un dignitaire de l'Allemagne nazie. Reprenez chaque personnage en donnant son équivalent dans la réalité.
Dans un second temps, retrouvez les événements historiques correspondant à ceux qu'annonce le Bonimenteur.

7. Retrouvez dans cette tirade tous les éléments qui renvoient à l'esthétique théâtrale. Quelle est leur fonction ?

8. Tout à fait à la fin de la pièce, Brecht conclut : « Le ventre est encore fécond, d'où a surgi la bête immonde. » Quel est le sens de cette métaphore* ? Que pensez-vous globalement de l'affirmation du dramaturge ? Vous appuierez votre raisonnement sur des exemples historiques autres que la barbarie nazie.

Chercher

9. Pour quelle raison Brecht dut-il quitter l'Allemagne ? Quels autres auteurs allemands, vers la même époque, ont pareillement choisi de s'exiler ? Quelles étaient leurs diverses motivations ?

10. Chicago est, dans la mémoire américaine, la ville d'Al Capone. Quels furent les hauts faits de ce gangster ? À l'époque où Brecht écrit sa pièce, s'agissait-il déjà d'une histoire ancienne ?

25 Jean-Paul Sartre (1905-1980)

Les Mouches, acte 1, scène 1 (1943)

Philosophe avant tout, romancier à succès avec *La Nausée*, Sartre se tourne vers le théâtre pendant la guerre et développe, à travers la représentation de mythes, une critique de la tyrannie, une apologie de la liberté – et de ses impasses, parfois.

Il reprend ainsi le mythe d'Électre, brillamment illustré par Giraudoux quelques années auparavant, et en tire une tragédie sans dieux, fable des temps modernes.

JUPITER

J'étais là, savez-vous, au retour du roi Agamemnon, quand la flotte victorieuse des Grecs mouilla dans la rade de Nauplie. On pouvait apercevoir les voiles blanches du haut des remparts. *(Il chasse les mouches.)* Il n'y avait pas encore de mouches, alors. Argos n'était qu'une petite ville de province, qui s'ennuyait indolemment sous le soleil. Je suis monté sur le chemin de ronde avec les autres, les jours qui suivirent, et nous avons longuement regardé le cortège royal qui cheminait dans la plaine. Au soir du deuxième jour la reine Clytemnestre parut sur les remparts, accompagnée d'Égisthe, le roi actuel. Les gens d'Argos virent leurs visages rougis par le soleil couchant ; ils les virent se pencher au-dessus des créneaux et regarder longtemps vers la mer ; et ils pensèrent : « Il va y avoir du vilain. » Mais ils ne dirent rien. Égisthe, vous devez le savoir, c'était l'amant de la reine Clytemnestre. Un ruffian[1] qui, à l'époque, avait déjà de la propension à la mélancolie. Vous semblez fatigué ?

ORESTE

C'est la longue marche que j'ai faite et cette maudite chaleur. Mais vous m'intéressez.

JUPITER

Agamemnon était bon homme, mais il eut un grand tort, voyez-vous. Il

1 Truand.

n'avait pas permis que les exécutions capitales eussent lieu en public. C'est dommage. Une bonne pendaison, cela distrait, en province, et cela blase un peu les gens sur la mort. Les gens d'ici n'ont rien dit, parce qu'ils s'ennuyaient et qu'ils voulaient voir une mort violente. Ils n'ont rien dit quand ils ont vu leur roi paraître aux portes de la ville. Et quand ils ont vu Clytemnestre lui tendre ses beaux bras parfumés, ils n'ont rien dit. À ce moment-là il aurait suffi d'un mot, d'un seul mot, mais ils se sont tus, et chacun d'eux avait, dans sa tête, l'image d'un grand cadavre à la face éclatée.

ORESTE

Et vous, vous n'avez rien dit ?

JUPITER

Cela vous fâche, jeune homme ? J'en suis fort aise ; voilà qui prouve vos bons sentiments. Eh bien non, je n'ai pas parlé : je ne suis pas d'ici, et ce n'étaient pas mes affaires. Quant aux gens d'Argos, le lendemain, quand ils ont entendu leur roi hurler de douleur dans le palais, ils n'ont rien dit encore, ils ont baissé leurs paupières sur leurs yeux retournés de volupté, et la ville tout entière était comme une femme en rut.

ORESTE

Et l'assassin règne. Il a connu quinze ans de bonheur. Je croyais les Dieux justes.

JUPITER

Hé là ! N'incriminez pas les Dieux si vite. Faut-il donc toujours punir ? Valait-il pas mieux tourner ce tumulte au profil de l'ordre moral ?

ORESTE

C'est ce qu'ils ont fait ?

JUPITER

Ils ont envoyé les mouches.

LE PÉDAGOGUE

Qu'est-ce que les mouches ont à faire là-dedans ?

JUPITER

Oh ! c'est un symbole. Mais ce qu'ils ont fait, jugez-en sur ceci : vous voyez cette vieille cloporte, là-bas, qui trottine de ses petites pattes noires, en rasant les murs ; c'est un beau spécimen de cette faune noire et plate qui grouille dans les lézardes. Je bondis sur l'insecte, je le saisis et je vous le ramène. *(Il saute sur la vieille et la ramène sur le devant de la scène.)* Voilà ma pêche. Regardez-moi l'horreur ! Hou ! Tu clignes des yeux, et pourtant vous êtes habitués, vous autres, aux glaives rougis à blanc du soleil. Voyez ces soubresauts de poisson au bout d'une Jigne. Dis-moi, la vieille, il faut que tu aies perdu des douzaines de fils : tu es noire de la tête aux pieds. Allons, parle et je te lâcherai peut-être. De qui portes-tu le deuil ?

LA VIEILLE

C'est le costume d'Argos.

JUPITER

Le costume d'Argos ? Ah ! je comprends. C'est le deuil de ton roi que tu portes, de ton roi assassiné.

LA VIEILLE

Tais-toi ! Pour l'amour de Dieu, tais-toi !

JUPITER

Car tu es assez vieille pour les avoir entendus, toi, ces énormes cris qui ont tourné en rond tout un matin dans les rues de la ville. Qu'as-tu fait ?

LA VIEILLE

Mon homme était aux champs, que pouvais-je faire ? J'ai verrouillé ma porte.

JUPITER

Oui, et tu as entrouvert ta fenêtre pour mieux entendre, et tu t'es mise aux aguets derrière tes rideaux, le souffle coupé, avec une drôle de chatouille au creux des reins.

LA VIEILLE

Tais-toi !

JUPITER

Tu as rudement bien dû faire l'amour cette nuit-là. C'était une fête, hein ?

LA VIEILLE

Ah ! Seigneur, c'était… une horrible fête.

JUPITER

Une fête rouge dont vous n'avez pu enterrer le souvenir.

LA VIEILLE

Seigneur ! Êtes-vous un mort ?

JUPITER

Un mort ! Va, va, folle ! Ne te soucie pas de ce que je suis ; tu feras mieux de t'occuper de toi-même et de gagner le pardon du Ciel par ton repentir.

LA VIEILLE

Ah ! je me repens, Seigneur, si vous saviez comme je me repens, et ma fille aussi se repent, et mon gendre sacrifie une vache tous les ans, et mon petit-fils, qui va sur ses sept ans, nous l'avons élevé dans la repentance : il est sage comme une image, tout blond et déjà pénétré par le sentiment de sa faute originelle.

JUPITER

C'est bon, va-t'en, vieille ordure, et tâche de crever dans le repentir. C'est ta seule chance de salut. *(La vieille s'enfuit.)* Ou je me trompe fort, mes maîtres, ou voilà de la bonne piété, à l'ancienne, solidement assise sur la terreur.

Les Mouches, Éditions Gallimard, 1943.

Lire

1. Quel est le ton des deux protagonistes ? Lisez la scène à voix haute : Jupiter change-t-il d'intonation ? Est-il en colère ? sarcastique ? ironique ? Dans quelle mesure est-il en train de « jouer » ?

2. Quels éléments mythologiques sont mis en place par l'auteur pour rappeler au spectateur l'histoire de la famille des Atrides ? Nom après nom, qu'apprenons-nous sur chacun d'eux ?

3. Jupiter apparaît bien sûr sous les traits d'un homme ordinaire. Mais quels éléments, dans son discours, peuvent nous donner à penser qu'il s'agit d'un dieu ?

4. « Horrible fête » (l. 52) : expliquez l'image. Comment s'appelle cette figure de style visant à associer deux mots de sens opposés ?

5. Quels mots, tout en fin de texte, sont une reprise partielle des objectifs de la tragédie selon Aristote (voir p. 15) ?

Écrire

6. « Faut-il donc toujours punir ? Valait-il pas mieux tourner ce tumulte au profit de l'ordre moral ? » (l. 34-35). Ainsi parle Jupiter. Mais que veut-il dire ? Quels éléments, dans la scène, explicitent son propos ?

7. Les mouches sont « un symbole » : mais de quoi ?

8. Quelles réflexions nous donnent à penser ici que Sartre joue sur la confusion entre religion grecque et religion chrétienne ? Quel concept, mis en avant par Jupiter, n'appartient qu'aux religions monothéistes ? De la part d'un auteur athée, que signifie ce jeu ?

9. Comparez cette scène d'exposition avec la scène symétrique écrite par Giraudoux (texte 23). Quels sont les points communs ? Quelles sont les différences, en particulier dans le ton adopté ? Lequel de ces deux auteurs parle la langue la plus proche de nous ? Quels effets en tire-t-il ?

Chercher

10. À la même époque, Sartre présente *Huis clos*, l'une de ses pièces les plus célèbres – et souvent associée aux *Mouches* par les libraires. Lisez-la : quelle vision de la faute et du repentir offre-t-elle ? et de la liberté ? Toutes ces notions sont-elles conformes à la présentation qu'en donne l'auteur dans *Les Mouches* ?

26 Jean Anouilh (1910-1987)

Antigone (1944)

Après la disparition d'Œdipe (voir textes 1 et 21), ses deux fils, Étéocle et Polynice, s'entendent pour se partager le pouvoir, une année chacun. Mais au bout de la première année, Étéocle, premier roi intérimaire, refuse de lâcher le pouvoir. Polynice l'attaque, et les frères ennemis s'entretuent sur le champ de bataille. Créon, leur oncle, qui prend alors le pouvoir, décide que seul Étéocle aura une sépulture convenable et que Polynice sera laissé aux chiens. Antigone, la fille aînée d'Œdipe, va nuitamment recouvrir de terre le corps abandonné de son frère, au risque d'être emmurée vivante, châtiment promis par le nouveau roi à qui désobéira. Elle est surprise et conduite à Créon.

Avec cette pièce, Anouilh, célèbre dès l'avant-guerre pour *Le Voyageur sans bagage* (1937) ou *La Sauvage* (1938), accède à une dimension supérieure qui fait de lui l'un des auteurs tragiques du siècle.

CRÉON, *la secoue.*

Te tairas-tu, enfin ?

ANTIGONE

Pourquoi veux-tu me faire taire ? Parce que tu sais que j'ai raison ? Tu crois que je ne lis pas dans tes yeux que tu le sais ? Tu sais que j'ai raison, mais tu ne l'avoueras jamais parce que tu es en train de défendre ton bonheur en ce moment comme un os.

CRÉON

Le tien et le mien, oui, imbécile !

ANTIGONE

Vous me dégoûtez tous avec votre bonheur ! Avec votre vie qu'il faut aimer coûte que coûte. On dirait des chiens qui lèchent tout ce qu'ils trouvent. Et cette petite chance pour tous les jours, si on n'est pas trop exigeant. Moi, je veux tout, tout de suite, – et que ce soit entier – ou alors je refuse ! Je ne veux pas être modeste, moi, et me contenter d'un petit morceau si j'ai été bien sage. Je veux être sûre de tout aujourd'hui et que cela soit aussi beau que quand j'étais petite – ou mourir.

CRÉON

Allez, commence, commence, comme ton père !

ANTIGONE

Comme mon père, oui ! Nous sommes de ceux qui posent les questions jusqu'au bout. Jusqu'à ce qu'il ne reste vraiment plus la petite chance d'espoir vivante, la plus petite chance d'espoir à étrangler. Nous sommes de ceux qui lui sautent dessus quand ils le rencontrent, votre espoir, votre cher espoir, votre sale espoir !

CRÉON

Tais-toi ! Si tu te voyais criant ces mots, tu es laide.

ANTIGONE

Oui, je suis laide ! C'est Ignoble, n'est-ce pas, ces cris, ces sursauts, cette lutte de chiffonniers. Papa n'est devenu beau qu'après, quand il a été bien sûr, enfin, qu'il avait tué son père, que c'était bien avec sa mère qu'il avait couché, et que rien, plus rien, ne pouvait le sauver. Alors, il s'est calmé tout d'un coup, il a eu comme un sourire, et il est devenu beau. C'était fini. Il n'a plus eu qu'à fermer les yeux pour ne plus vous voir ! Ah ! vos têtes, vos pauvres têtes de candidats au bonheur ! C'est vous qui êtes laids, même les plus beaux. Vous avez tous quelque chose de laid au coin de l'œil ou de la bouche. Tu l'as bien dit tout à l'heure, Créon, la cuisine. Vous avez des têtes de cuisiniers !

Antigone, La Table ronde, 1946.

Lire

1. Que signifie le préfixe « anti- » ? Pouvez-vous en déduire quelque chose sur celle qui porte un nom commençant ainsi ?

2. Quelle comparaison* ultérieure reprend l'image de la première réplique d'Antigone, « comme un os » ?

Comment Anouilh file-t-il la métaphore* par la suite ? Quels mots reprennent la même image ?

3. Comment comprenez-vous : « votre sale espoir » (l. 18-19) ? Pourquoi Antigone reproche-t-elle à Créon d'espérer ? À quel sentiment s'oppose cet « espoir » ?

4. Qui est « Papa » dans la dernière réplique d'Antigone ?

5. Retrouvez dans cette dernière réplique un résumé de la légende d'Œdipe.

6. Quelle est, selon Antigone, la condition nécessaire pour devenir « beau » ou « belle » ?

7. Quel est le sens politique de la métaphore* de la « cuisine » ?

Écrire

8. « Je veux tout, tout de suite » (l. 9-10) : que signifie exactement ce souhait ? Cette exigence vous paraît-elle raisonnable ou souhaitable ? Donnez votre avis en l'illustrant d'exemples précis.

9. Que représentent, respectivement, Créon et Antigone ? le pouvoir ? la religion ? l'intransigeance ? les compromis ? le réalisme ? l'idéalisme ?

Justifiez vos réponses par des arguments précis tirés de ce qui est dit dans ce dialogue.

10. « Nous sommes de ceux qui posent les questions jusqu'au bout » (l. 15-16) : que faut-il entendre par là ? Pensez-vous que « poser les questions jusqu'au bout » puisse être si dérangeant pour la société que l'on en vienne à éliminer le gêneur (ou la gêneuse) qui empêche de ne pas penser ? Vous développerez votre opinion en vous appuyant sur des exemples précis, empruntés notamment à tous ces philosophes qui, de Socrate à Voltaire, ont tenté de poser les bonnes questions.

Chercher

11. Avant de revenir à Thèbes enterrer son frère, qu'avait fait Antigone, dans les années précédentes ?

12. Comment se termine cette pièce et la légende d'Antigone ?

13. Consultez un dictionnaire des personnages : quels autres auteurs, avant Anouilh, se sont inspirés de la légende d'Antigone ? Donnez-en au moins quatre, dont deux écrivains antiques, et deux Français.

27 Albert Camus (1913-1960)

Caligula, acte II, scène 14 (1945)

Camus, journaliste, romancier, homme de théâtre, essayiste, fut avec Sartre le grand représentant de ce que l'on appelait alors l'existentialisme – philosophie qui assigne à l'homme le douloureux destin d'assumer sa liberté.

Quatrième César de l'histoire romaine, Caligula, plus encore que Néron (voir texte 8), est le modèle des empereurs fous. Mais dans la pièce de Camus, il est surtout un empereur seul : il s'est pris d'amitié pour le jeune Scipion, adolescent encore innocent, qui se veut poète.

CALIGULA

Récite-moi ton poème.

LE JEUNE SCIPION

Je t'en prie, César, non.

CALIGULA

Pourquoi ?

LE JEUNE SCIPION

Je ne l'ai pas sur moi.

CALIGULA

Ne t'en souviens-tu pas ?

LE JEUNE SCIPION

Non.

CALIGULA

Dis-moi du moins ce qu'il contient.

LE JEUNE SCIPION,
toujours raidi et comme à regret.

J'y parlais…

CALIGULA

Eh bien ?

LE JEUNE SCIPION

Non, je ne sais pas…

CALIGULA

Essaie…

LE JEUNE SCIPION

J'y parlais d'un certain accord de la terre…

CALIGULA,
l'interrompant, d'un ton absorbé.

… de la terre et du pied.

LE JEUNE SCIPION, *surpris, hésite et continue.*

Oui, c'est à peu près cela…

CALIGULA

Continue.

LE JEUNE SCIPION

… et aussi de la ligne des collines romaines et de cet apaisement fugitif et bouleversant qu'y ramène le soir…

CALIGULA

… Du cri des martinets dans le ciel vert.

LE JEUNE SCIPION, *s'abandonnant un peu plus.*

Oui, encore.

CALIGULA

Eh bien ?

LE JEUNE SCIPION

Et de cette minute subtile où le ciel encore plein d'or brusquement bascule et nous montre en un instant son autre face, gorgée d'étoiles luisantes.

CALIGULA

De cette odeur de fumée, d'arbres et d'eaux qui monte alors de la terre vers la nuit.

LE JEUNE SCIPION, *tout entier.*

… Le cri des cigales et la retombée des chaleurs, les chiens, les roulements des derniers chars, les voix des fermiers…

CALIGULA

… Et les chemins noyés d'ombre dans les lentisques et les oliviers…

LE JEUNE SCIPION

Oui, oui. C'est tout cela ! Mais comment l'as-tu appris ?

CALIGULA,
pressant le jeune Scipion contre lui.

Je ne sais pas. Peut-être parce que nous aimons les mêmes vérités.

LE JEUNE SCIPION, *frémissant, cache sa tête contre la poitrine de Caligula.*

Oh ! qu'importe, puisque tout prend en moi le visage de l'amour !

CALIGULA, *toujours caressant.*

C'est la vertu des grands cœurs, Scipion. Si, du moins, je pouvais connaître ta transparence ! Mais je sais trop la force de ma passion pour la vie, elle ne se satisfera pas de la nature. Tu ne peux pas comprendre cela. Tu es d'un autre monde. Tu es pur dans le bien, comme je suis pur dans le mal.

LE JEUNE SCIPION

Je peux comprendre.

CALIGULA

Non. Ce quelque chose en moi, ce lac de silence, ces herbes pourries. *(Changeant brusquement de ton.)* Ton poème doit être beau. Mais si tu veux mon avis…

LE JEUNE SCIPION, *même jeu.*

Oui.

CALIGULA

Tout cela manque de sang.

Scipion se rejette brusquement en arrière
et regarde Caligula avec horreur. Toujours reculant,
il parle d'une voix sourde, devant Caligula qu'il regarde avec intensité.

LE JEUNE SCIPION

Oh ! le monstre, l'infect monstre. Tu as encore joué. Tu viens de jouer, hein ? Et tu es content de toi ?

CALIGULA, *avec un peu de tristesse.*

Il y a du vrai dans ce que tu dis. J'ai joué.

LE JEUNE SCIPION, *même jeu.*

Quel cœur ignoble et ensanglanté tu dois avoir. Oh ! comme tant de mal et de haine doivent te torturer !

CALIGULA, *doucement.*

Tais-toi, maintenant.

LE JEUNE SCIPION

Comme je te plains et comme je te hais !

CALIGULA, *avec colère.*

Tais-toi.

LE JEUNE SCIPION

Et quelle immonde solitude doit être la tienne !

CALIGULA, *éclatant, se jette sur lui et le prend au collet ; il le secoue.*

La solitude ! Tu la connais, toi, la solitude ? Celle des poètes et des impuissants. La solitude ? Mais laquelle ? Ah ! tu ne sais pas que seul, on ne l'est jamais ! Et que partout le même poids d'avenir et de passé nous accompagne ! Les êtres qu'on a tués sont avec nous. Et pour ceux-là, ce serait encore facile. Mais ceux qu'on a aimés, ceux qu'on n'a pas aimés et qui vous ont aimé, les regrets, le désir, l'amertume et la douceur, les putains et la clique des dieux. *(Il le lâche et recule vers sa place.)* Seul ! Ah ! si du moins, au lieu de cette solitude empoisonnée de présences qui est la mienne, je pouvais goûter la vraie, le silence et le tremblement d'un arbre ! *(Assis, avec une soudaine lassitude.)* La solitude ! Mais non, Scipion. Elle est peuplée de grincements de dents et tout entière retentissante de bruits et de clameurs perdues. Et près des femmes que je caresse, quand la nuit se referme sur nous et que je crois, éloigné de ma chair en fin contentée, saisir un peu de moi entre la vie et la mort, ma solitude entière s'emplit de l'aigre odeur du plaisir aux aisselles de la femme qui sombre encore à mes côtés.

Il a l'air exténué. Long silence.
Le jeune Scipion passe derrière Caligula et s'approche, hésitant.
Il tend une main vers Caligula et la pose sur son épaule.
Caligula, sans se retourner, la couvre d'une des siennes.

LE JEUNE SCIPION

Tous les hommes ont une douceur dans la vie. Cela les aide à continuer. C'est vers elle qu'ils se retournent quand ils se sentent trop usés.

CALIGULA

C'est vrai, Scipion.

LE JEUNE SCIPION

N'y a-t-il donc rien dans la tienne qui soit semblable, l'approche des larmes, un refuge silencieux ?

CALIGULA

Si, pourtant.

LE JEUNE SCIPION

Et quoi donc ?

CALIGULA, *lentement.*

Le mépris.

RIDEAU

Caligula, Éditions Gallimard, 1945.

Lire

1. Repérez, dans le résumé que Scipion et Caligula font du poème du jeune homme, tout ce qui est « lieu commun* ». Comment l'empereur fait-il pour connaître si bien le contenu d'un texte qu'il n'a pas lu ?

2. Expliquez ce que Caligula entend lorsqu'il déplore sa « solitude empoisonnée de présences » (l. 59-60) ?

3. Quel est le rôle du contact physique, tel qu'il est souligné par les didascalies*, dans cette scène ?

4. Pourquoi Caligula a-t-il « l'air exténué » (l. 68) après sa tirade sur la solitude ?

Écrire

5. « Tu as encore joué » (l. 44), reproche Scipion à Caligula. Qu'est-ce qui, dans les répliques précédentes de l'empereur, peut passer pour un jeu ? et quel jeu ?

6. Expliquez en quoi le « mépris » (l. 79) peut être le « refuge » (l. 76) de Caligula.

7. En quoi Caligula est-il ici un monstre ? En quoi est-il simplement un homme ?

8. Quel est le personnage sympathique dans cette scène ? Et quel est le personnage intéressant ? Que signifie le fait que ce ne soit pas le même ? Quelle est l'intention de Camus ?

9. Ce dialogue est la fin de l'acte II. En quoi la dernière réplique est-elle une bonne réplique, juste avant que le rideau ne retombe ?

10. Rédigez le monologue intérieur que pourrait s'adresser Scipion à lui-même après la dernière réplique de l'empereur.

Chercher

11. Camus a écrit dans tous les genres littéraires. En vous appuyant sur une biographie précise de Camus, citez un roman, une nouvelle, une pièce (autre que *Caligula*), un essai, une autobiographie.

28 Tennessee Williams (1911-1983)

Un tramway nommé Désir, acte II, scène 3 (1947)

Tennessee Williams est, avant tout, un auteur du Sud profond des États-Unis. Toute son œuvre est parcourue de tensions insoutenables, de chaleur épuisante, de personnages impuissants ou maladifs.

Blanche DuBois, aristocrate ruinée de Louisiane, vient retrouver sa sœur Stella dans un quartier misérable de la Nouvelle-Orléans (où mène le tramway « Désir » – les tramways de la Nouvelle-Orléans portent des noms plutôt que des numéros). Stella a épousé Stanley Kowalski, un immigré polonais. Mitch, l'un des amis de Stanley, est séduit par Blanche, femme belle, alcoolique, fiévreuse et énigmatique. Celle-ci lui avoue être hantée par la culpabilité : elle a poussé au suicide son jeune mari quand elle a découvert qu'il était homosexuel. Mais Stanley, qui a découvert que Blanche s'est prostituée, en informe Mitch, qui ne voit plus dès lors en elle qu'une femme « perdue », indigne de son amour.

MITCH

Blanche, vous m'avez menti.

(Dehors dans la rue, on entend la vieille Mexicaine qui approche en criant d'abord doucement, puis de plus en plus distinctement « Flores para los mortuos »[1].)

BLANCHE

Non, je ne vous permets pas de dire que j'ai menti.

MITCH

Mensonges… mensonges, partout… dans votre cœur… dans votre corps, partout.

BLANCHE

Jamais dans mon cœur,… j'étais franche comme l'or dans mon cœur à votre égard… *toujours…* toujours. *(La vieille Mexicaine est entrée en scène portant ses fleurs en fer-blanc. Elle est entrée sous le porche. Aux mots de toujours dits par Blanche, la Mexicaine, comme en écho, répond* Flores *sous le porche. Blanche, l'ayant entendue.)* Quoi…

VIEILLE MEXICAINE

Flores…

BLANCHE

Il y a quelqu'un dehors.

(On entend Varsouviana. *Blanche s'approche de la porte, l'ouvre, regarde fixement la Mexicaine.)*

LA MEXICAINE, *continuant tandis qu'elle est debout derrière la porte.*

Flores para los mortuos ? Flores ? Flores ?

BLANCHE, *effrayée.*

Non… non… pas encore… pas encore… pas maintenant… pas maintenant…

---

1 Des fleurs pour les morts.

(Elle se précipite dans le living-room en claquant la porte derrière elle.)

LA MEXICAINE, *s'en allant, en longeant la rue.*

Flores… Flores para los mortuos…

BLANCHE, *comme se parlant à elle-même.*

J'ai vécu dans une maison, où de vieilles femmes mourantes se souvenaient de leurs maris disparus… – marmonnaient contre leurs hommes disparus.

LA MEXICAINE

Flores… Flores para los mortuos…

BLANCHE, *allant doucement au-devant de la table.*

Flétri… décrépit… et des regrets… des récriminations… Si tu avais fait ça, je n'aurais pas eu ça…

LA MEXICAINE

Coronas[2] para los mortuos… Coronas…

BLANCHE, *allant rapidement devant le divan.*

Les héritages… tout… et tout le reste… des oreillers tachés de sang… des culottes… « Il faut lui changer son linge. »… Oui, maman !… Est-ce qu'on ne pourrait pas payer une négresse pour le faire ?… Non, on ne pouvait pas, bien sûr… Il ne restait rien, sauf…

LA MEXICAINE

Flores…

BLANCHE

La mort… J'étais assise là… et elle était près de moi… aussi près de vous. On n'osait même pas nier sa présence.

LA MEXICAINE

Flores para los mortuos… Flores…

---

2 Couronnes (mortuaires, ici).

BLANCHE

La mort… l'antidote c'est le désir… et vous vous demandez pourquoi ? Comment pouvez-vous vous demander pourquoi ? *(Elle s'assoit sur la chaise à gauche de la table.)* Il y avait un campement de jeunes recrues, près de *Belle Rêve*[3], avant que nous ayons perdu *Belle Rêve.* Le samedi soir, ils allaient en ville, ils se soûlaient… En revenant ils titubaient dans la prairie… Ils m'appelaient… Blanche… Blanche… La vieille femme sourde, la seule qui restait, ne se doutait de rien… quelquefois je me glissais dehors, pour répondre à leur appel… Puis plus tard, dans la nuit, une charrette les ramassait comme des pâquerettes. Le long chemin du retour… *(Quand elle a dit* pour répondre à leur appel… *elle s'est levée, et est allée devant la table.* Varsouviana *qui jouait en sourdine s'évanouit. Mitch traverse la scène rapidement derrière Blanche, met ses bras autour d'elle, autour de sa taille et la tourne vers lui. Tout d'abord, elle l'étreint passionnément, puis elle le repousse.)* Que voulez-vous ?

MITCH, *cherchant à l'embrasser.*

Ce que j'ai attendu tout l'été…

BLANCHE

Alors épousez-moi, Mitch !

MITCH

Je ne peux pas vous emmener chez moi, chez ma mère… Vous n'êtes pas assez pure.

BLANCHE, *brutalement.*

Partez… alors partez. *(Il la regarde fixement, puis commence à se diriger vers la porte.)* Sortez d'ici… vite… avant que je crie au feu… *(Il se dépêche d'atteindre la porte, elle le suit en criant.)* Sortez d'ici… vite… avant que je crie au feu… *(Il sort précipitamment, et quitte la scène à gauche. Blanche reste dans l'embrasure de la porte, criant :)* Au feu… au feu… au feu…

(La lumière s'éteint.)

Un Tramway nommé Désir, trad. P. de Beaumont, J. Guicharnaud et R. Postec, Robert Laffont, 1962.

---

3 La grande propriété, au Sud des États-Unis, où Blanche a grandi.

Lire

1. Faites le relevé de tous les symboles de mort et de décrépitude dans ce dialogue.

2. Quels éléments sont typiques du Sud des États-Unis ?

3. Pourquoi Blanche est-elle effrayée par la proposition de la Vieille Mexicaine ?

4. Que signifie ce cri de « au feu » (l. 55) ? De quoi est-il la métaphore* ?

5. Reprenez toutes les didascalies* et faites la somme des « tons » divers que doit employer Blanche dans cette courte scène. Qu'est-ce que chacun de ces tons veut exprimer ?

Écrire

6. Le diagnostic le plus fréquent sur Blanche, c'est qu'elle est folle : quelles marques, grammaticales ou syntaxiques, quels mots tendent à confirmer ce diagnostic ? Dans un deuxième temps, quels fragments du passé et de la mémoire de Blanche excusent son état présent ?

7. « La mort… l'antidote c'est le désir » (l. 37), affirme Blanche. À l'aide d'un dictionnaire au départ, et en poussant votre analyse, que savez-vous des rapports qui unissent l'amour (Éros) et la mort (Thanatos) ? Trouvez des exemples divers, en particulier dans l'iconographie.

8. Lors de la première à New York, les acteurs furent applaudis par la salle, debout, durant plus d'une demi-heure. Qu'est-ce qui, dans cette scène, peut nous aider à comprendre un tel enthousiasme ?

Chercher

9. Comment se termine cette pièce ? Qu'est-ce que Stanley fait à Blanche ? Quel sera son dernier asile ?

10. Quel acteur américain a joué la pièce lors de la première, à New York, le 3 décembre 1947 ? Quelle actrice anglaise a joué le rôle de Blanche à Londres en 1949 ? Quel metteur en scène a réuni ces deux « monstres sacrés » pour l'adaptation de la pièce en film en 1951 ? Quelle connaissance antérieure avait-il de la pièce ?

29 Jean Genet (1910-1986)

Les Bonnes (1947)

Genet est un voyou qui a connu sa rédemption par la littérature. Voleur, qui fut incarcéré, courant les aventures les plus sordides, il est repéré par Sartre qui comprend ce qu'il y a de poésie brute et de puissance de voix dans ce révolté à vif.

Les Bonnes **s'inspirent de l'histoire des sœurs Papin, Christine et Léa, qui en janvier 1933 massacrèrent leur patronne et sa fille, à coups de marteau, dans un accès hystérique de folie meurtrière. Dans la pièce de Genet, Solange et Claire jouent à imiter leur patronne, « Madame », sans que l'on sache bien si ce sont des fantasmes qu'elles développent, ou si elles l'ont déjà tuée.**

CLAIRE

Solange, arrêtons-nous. Je n'en peux plus. Laisse-moi.

SOLANGE

Je continuerai, seule, seule, ma chère. Ne bougez pas. Quand vous aviez de si merveilleux moyens, il était impossible que Madame s'en échappât. *(Marchant sur Claire.)* Et cette fois, je veux en finir avec une fille aussi lâche.

CLAIRE

Solange ! Solange ! Au secours !

SOLANGE

Hurlez si vous voulez ! Poussez même votre dernier cri, madame ! *(Elle pousse Claire qui reste accroupie dans un coin.)* Enfin ! Madame est morte ! étendue sur le linoléum… étranglée par les gants de la vaisselle. Madame peut rester assise ! Madame peut m'appeler mademoiselle Solange. Justement. C'est à cause de ce que j'ai fait. Madame et Monsieur m'appelleront mademoiselle

Solange Lemercier… Madame aurait dû enlever cette robe noire, c'est grotesque. *(Elle imite la voix de Madame.)* M'en voici réduite à porter le deuil de ma bonne. À la sortie du cimetière, tous les domestiques du quartier défilaient devant moi comme si j'eusse été de la famille. J'ai si souvent prétendu qu'elle faisait partie de la famille. La morte aura poussé jusqu'au bout la plaisanterie. Oh ! Madame… Je suis l'égale de Madame et je marche la tête haute… *(Elle rit).* Non, monsieur l'Inspecteur, non… Vous ne saurez rien de mon travail. Rien de notre travail en commun. Rien de notre collaboration à ce meurtre… Les robes ? Oh ! Madame peut les garder. Ma sœur et moi nous avions les nôtres. Celles que nous mettions la nuit en cachette. Maintenant, j'ai ma robe et je suis votre égale. Je porte la toilette rouge des criminelles. Je fais rire Monsieur ? Je fais sourire Monsieur ? Il me croit folle. Il pense que les bonnes doivent avoir assez bon goût pour ne pas accomplir de gestes réservés à Madame ! Vraiment il me pardonne ? Il est la bonté même. Il veut lutter de grandeur avec moi. Mais j'ai conquis la plus sauvage… Madame s'aperçoit de ma solitude ! Enfin ! Maintenant je suis seule. Effrayante. Je pourrais vous parler avec cruauté, mais je peux être bonne… Madame se remettra de sa peur. Elle s'en remettra très bien. Parmi ses fleurs, ses parfums, ses robes. Cette robe blanche que vous portiez le soir au bal de l'Opéra. Cette robe blanche que je lui interdis toujours. Et parmi ses bijoux, ses amants. Moi, j'ai ma sœur. Oui, j'ose en parler. J'ose, madame. Je peux tout oser. Et qui, qui pourrait me faire taire ? Qui aurait le courage de me dire : « Ma fille ? » J'ai servi. J'ai eu les gestes qu'il faut pour servir. J'ai souri à Madame. Je me suis penchée pour faire le lit, penchée pour laver le carreau, penchée pour éplucher les légumes, pour écouter aux portes, coller mon œil aux serrures. Mais maintenant, je reste droite. Et solide. Je suis l'étrangleuse. Mademoiselle Solange, celle qui étrangla sa sœur ! Me taire ? Madame est délicate vraiment. Mais j'ai pitié de Madame. J'ai pitié de la blancheur de Madame, de sa peau satinée, de ses petites oreilles, de ses petits poignets… Je suis la poule noire, j'ai mes juges. J'appartiens à la police, Claire ? Elle aimait vraiment beaucoup, beaucoup, Madame !… Non, monsieur l'Inspecteur, je n'expliquerai rien devant eux. Ces choses-là ne regardent que nous… Cela, ma petite, c'est notre nuit à nous ! *(Elle allume une cigarette et fume d'une façon maladroite. La fumée la fait tousser.)* Ni vous ni personne ne saurez rien, sauf que cette fois Solange est allée jusqu'au bout. Vous la voyez vêtue de rouge. Elle va sortir.

Solange se dirige vers la fenêtre, l'ouvre et monte sur le balcon. Elle dira, le dos au public, face à la nuit, la tirade qui suit. Un vent léger fait bouger les rideaux.

Sortir. Descendre le grand escalier : la police l'accompagne. Mettez-vous au balcon pour la voir marcher entre les pénitents noirs. Il est midi. Elle porte alors une torche de neuf livres. Le bourreau la suit de près. À l'oreille il lui chuchote des mots d'amour. Le bourreau m'accompagne, Claire ! Le bourreau m'accompagne ! *(Elle rit.)* Elle sera conduite en cortège par toutes les bonnes du quartier, par tous les domestiques qui ont accompagné Claire à sa dernière demeure. *(Elle regarde dehors.)* On porte des couronnes, des fleurs, des oriflammes, des banderoles, on sonne le glas. L'enterrement déroule sa pompe. Il est beau, n'est-ce pas ? Viennent d'abord les maîtres d'hôtel, en frac, sans revers de soie. Ils portent leurs couronnes. Viennent ensuite les valets de pied, les laquais en culottes courte et bas blancs. Ils portent leurs couronnes. Viennent ensuite les valets de chambre, puis les femmes de chambre portant nos couleurs. Viennent les concierges, viennent encore les délégations du ciel. Et je les conduis. Le bourreau me berce. On m'acclame. Je suis pâle et je vais mourir.

Elle rentre.

Que de fleurs ! On lui a fait un bel enterrement, n'est-ce pas ? Claire ! *(Elle éclate en sanglots et s'effondre dans un fauteuil… Elle se relève.)* Inutile, madame, j'obéis à la police. Elle seule me comprend. Elle aussi appartient au monde des réprouvés.

Accoudée au chambranle de la porte de la cuisine, depuis un moment, Claire, visible seulement du public, écoute sa sœur.

Maintenant, nous sommes mademoiselle Solange Lemercier. La femme Lemercier. La Lemercier. La fameuse criminelle. *(Lasse.)* Claire, nous sommes perdues.

CLAIRE, *dolente, voix de Madame.*

Fermez la fenêtre et tirez les rideaux. Bien.

SOLANGE

Il est tard. Tout le monde est couché. Ne continuons pas.

Les Bonnes, Gallimard, 1947.

Lire

1. Quelle réplique répond à la demande initiale de Claire, « arrêtons-nous » (l. 1) ?

2. Entre-temps, comment Solange force-t-elle Claire à jouer encore une fois le rôle de Madame ?

3. À partir de quel moment Solange assume-t-elle tous les rôles ?

4. Faites la liste des diverses robes évoquées par Solange. Quelle est leur signification à chaque fois ?

5. Quelle réplique décrit la scène que se jouent les deux sœurs, qui se parent des robes de Madame ?

6. Où Genet joue-t-il sur la polysémie du mot « bonne » ? À quel nom s'oppose cette fois le terme ?

7. Relevez, dans la longue tirade de Solange, toutes les expressions qui décrivent le quotidien des bonnes.

8. En définitive, qui Solange est-elle censée avoir étranglé ?

9. À quel moment Solange change-t-elle d'époque ?

10. Dans la description qu'imagine Solange de l'enterrement de sa sœur, à quel moment sort-elle du réalisme ?

Écrire

11. En vous inspirant des didascalies* rédigées par l'auteur, prévoyez la totalité des jeux de scène, phrase après phrase. Vous imaginerez aussi le jeu de scène de Claire pendant le grand numéro de sa sœur.

12. Expliquez, en une dizaine de lignes, quelle est la fonction d'un tel délire : fantasmes ? défoulement ? jeu gratuit ? folie ?

Vous appuierez vos opinions d'extraits significatifs, soigneusement analysés, du texte.

Chercher

13. « Ne continuons pas », dit Solange à la dernière réplique. On peut y voir un clin d'œil à une pièce célèbre de Sartre, ami de Genet, qui se terminait par : « Eh bien, continuons. »

Quels sont le titre et le sujet de cette pièce jouée en mai 1944 ? On retrouve le même jeu dans le texte de Heiner Müller (voir texte 35) – avec une nuance particulière. Laquelle ?

30 Jean-Paul Sartre (1905-1980)

Les Mains sales, septième tableau (1948)

Sartre, philosophe professionnel, devient après-guerre le chantre de l'engagement. En même temps, il est fort critique du communisme tel que l'imaginent alors les partis staliniens, ce qui lui vaut, de leur part, de solides inimitiés.

Dans *Les Mains sales*, il décrit un État (à peine) imaginaire d'Europe centrale, où, deux ans auparavant, Hugo, membre discipliné du parti, a exécuté Roederer, un dirigeant accusé de « droitisme » et d'alliance avec la bourgeoisie. Mais voici qu'à sa sortie de prison, Hugo apprend que la ligne du parti a changé, et que c'est lui, à présent, qu'il faut éliminer. Olga cependant est chargée d'évaluer jusqu'à quel point il est ou non « récupérable ». Pour ce faire, elle tente de dégrader son geste politique en crime passionnel.

HUGO. – Je… je l'ai tué parce que j'avais ouvert la porte. C'est tout ce que je sais. Si je n'avais pas ouvert cette porte… Il était là, il tenait Jessica dans ses bras, il avait du rouge à lèvres sur le menton. C'était trivial. Moi, je vivais depuis longtemps dans la tragédie. C'est pour sauver la tragédie que j'ai tiré.

OLGA. – Est-ce que tu n'étais pas jaloux ?

HUGO. – Jaloux ? Peut-être. Mais pas de Jessica.

OLGA. – Regarde-moi et réponds-moi sincèrement, car ce que je vais te demander a beaucoup d'importance. As-tu l'orgueil de ton acte ? Est-ce que tu le revendiques ? Le referais-tu, s'il était à refaire ?

HUGO. – Est-ce que je l'ai seulement fait ? Ce n'est pas moi qui ai tué, c'est le hasard. Si j'avais ouvert la porte deux minutes plus tôt ou deux minutes plus tard, je ne les aurais pas surpris dans les bras l'un de l'autre, je n'aurais pas tiré. *(Un temps.)* Je venais pour lui dire que j'acceptais son aide.

OLGA. – Oui.

HUGO. – Le hasard a tiré trois coups de feu, comme dans les mauvais romans policiers. Avec le hasard tu peux commencer les « si » : « *si* j'étais resté un peu plus longtemps devant les châtaigniers, *si* j'avais poussé jusqu'au bout du jardin, *si* j'étais rentré dans le pavillon… » Mais moi. *Moi*, là-dedans, qu'est-ce que je deviens ? C'est un assassinat sans assassin. *(Un temps.)* Souvent, dans la prison, je me demandais : qu'est-ce qu'Olga me dirait, si elle était ici ? Qu'est-ce qu'elle voudrait que je pense ?

OLGA, *sèchement.* – Et alors ?

HUGO. – Oh ! je sais très bien ce que tu m'aurais dit. Tu m'aurais dit : « Sois modeste, Hugo. Tes raisons, tes motifs, on s'en moque. Nous t'avions demandé de tuer cet homme et tu l'as tué. C'est le résultat qui compte. » Je… je ne suis pas modeste, Olga. Je n'arrivais pas à séparer le meurtre de ses motifs.

OLGA. – J'aime mieux ça.

HUGO. – Comment, tu aimes mieux ça ? C'est toi qui parles, Olga ? Toi qui m'as toujours dit…

OLGA. – Je t'expliquerai. Quelle heure est-il ?

HUGO, *regardant son bracelet-montre.* – Minuit moins vingt.

OLGA. – Bien. Nous avons le temps. Qu'est-ce que tu me disais ? Que tu ne comprenais pas ton acte.

HUGO. – Je crois plutôt que je le comprends trop. C'est une boîte qu'ouvrent toutes les clefs. Tiens, je peux me dire tout aussi bien, si ça me chante, que j'ai tué par passion politique et que la fureur qui m'a pris, quand j'ai ouvert la porte, n'était que la petite secousse qui m'a facilité l'exécution.

OLGA, *le dévisageant avec inquiétude.* – Tu crois Hugo ? Tu crois *vraiment* que tu as tiré pour de *bons* motifs ?

HUGO. – Olga, je crois tout. J'en suis à me demander si je l'ai tué pour de vrai.

OLGA. – Pour de vrai ?

HUGO. – Si tout était une comédie ?

OLGA. – Tu as vraiment appuyé sur la gâchette ?

HUGO. – Oui. J'ai vraiment remué le doigt. Les acteurs aussi remuent les doigts, sur les planches. Tiens, regarde : je remue l'index, je te vise. *(Il la vise de la main droite, l'index replié.)* C'est le même geste. Peut-être que ce n'est pas moi qui étais vrai. Peut-être c'était seulement la balle. Pourquoi souris-tu ?

OLGA. – Parce que tu me facilites beaucoup les choses.

HUGO. – Je me trouvais trop jeune ; j'ai voulu m'attacher un crime au cou, comme une pierre. Et j'avais peur qu'il ne soit lourd à supporter. Quelle erreur : il est léger, horriblement léger. Il ne pèse pas. Regarde-moi : j'ai vieilli, j'ai passé deux ans en taule, je me suis séparé de Jessica et je mènerai cette drôle de vie perplexe, jusqu'à ce que les copains se chargent de me libérer. Tout ça vient de mon crime, non ? Et pourtant il ne pèse pas, je ne le sens pas. Ni à mon cou, ni sur mes épaules, ni dans mon cœur. Il est devenu mon destin, comprends-tu, il gouverne ma vie du dehors mais je ne peux ni le voir, ni le toucher, il n'est pas à moi, c'est une maladie mortelle qui tue sans faire souffrir. Où est-il ? Existe-t-il ? J'ai tiré pourtant. La porte s'est ouverte… J'aimais Hoederer, Olga. Je l'aimais plus que je n'ai aimé personne au monde. J'aimais le voir et l'entendre, j'aimais ses mains et son visage et, quand j'étais avec lui, tous mes orages s'apaisaient. Ce n'est pas mon crime qui me tue, c'est sa mort. *(Un temps.)* Enfin, voilà. Rien n'est arrivé. Rien. J'ai passé dix jours à la campagne et deux ans en prison ; je n'ai pas changé ; je suis toujours aussi bavard. Les assassins devraient porter un signe distinctif. Un coquelicot à la boutonnière. *(Un temps.)* Bon. Alors ? Conclusion ?

OLGA. – Tu vas rentrer au Parti.

HUGO. – Bon.

OLGA. – À minuit, Louis et Charles doivent revenir pour t'abattre. Je ne leur ouvrirai pas. Je leur dirai que tu es récupérable.

HUGO, *il rit.* – Récupérable ! Quel drôle de mot. Ça se dit des ordures, n'est-ce pas ?

Les Mains sales, Éditions Gallimard, 1948.

Lire

1. « Ce n'est pas moi qui ai tué, c'est le hasard » (l. 10-11) : qu'est-ce que le hasard, ici ?

2. Pourquoi Olga dit-elle : « J'aime mieux ça » (l. 27) ? mieux que quoi ?

3. Pourquoi Hugo qualifie-t-il sa vie de « perplexe » (l. 54) ?

4. « … jusqu'à ce que les copains se chargent de me libérer » (l. 54) : en quoi ce dernier terme est-il un euphémisme* ? Que signifie-t-il au fond ? Comment le parti entend-il « libérer » Hugo ?

5. Sur quel ton Hugo prononce-t-il sa dernière réplique ?

Écrire

6. « C'est pour sauver la tragédie que j'ai tiré » (l. 4) : expliquez cette formule de Hugo en fonction du texte. Puis, dans un second temps, vous analyserez ce qui fait ici référence à la tragédie, au destin, au « hasard ».

7. Relevez tout ce qui, dans ce passage, fait référence à la réalité théâtrale. En quoi le crime de Hugo est-il réel ? En quoi est-il, pour lui, presque fictif – théâtral ? Quelle vieille idée, héritée du théâtre baroque (voir texte 5), recouvre la sensation de Hugo de ne pas être « vrai », d'errer dans un monde où « tout était une comédie » (l. 43) ?

8. Dans cet univers théâtralisé, comment comprenez-vous les interrogations de Hugo sur son Moi ? Qu'entend-il par là ?

Chercher

9. Lisez l'ensemble de la pièce. Comment se termine-t-elle ? Comment passe-t-on du dialogue ici présent, où Olga juge Hugo « récupérable », à la conclusion effective de la pièce ? Quel est le cheminement mental des personnages ? En quoi Hugo, si on le juge « récupérable », est-il dépossédé de l'acte qui le constitue ?

31 Samuel Beckett (1906-1989)

En attendant Godot (1953)

À la question, posée par le journal *Libération*, « Pourquoi écrivez-vous ? », Beckett répondit laconiquement : « Bon qu'à ça. » Et cet Irlandais qui a choisi d'écrire en français n'a jamais rien fait d'autre que d'explorer l'absurdité de la condition humaine – exploration qui lui valut le prix Nobel de littérature en 1969.

Vladimir et Estragon sont deux clochards dérisoires, malmenés par la vie, qui depuis le début de la pièce attendent quelqu'un – ce Godot dont on ignorera toujours tout, et qui ne viendra pas.

Nous voici à l'extrême fin : rien ne s'est passé, rien ne se passera jamais.

Silence. Le soleil se couche, la lune se lève. Vladimir reste immobile. Estragon se réveille, se déchausse, se lève, les chaussures à la main, les dépose devant la rampe, va vers Vladimir, le regarde.

ESTRAGON. – Qu'est-ce que tu as ?
VLADIMIR. – Je n'ai rien.
ESTRAGON. – Moi je m'en vais.
VLADIMIR. – Moi aussi.

Silence.

ESTRAGON. – Il y avait longtemps que je dormais ?
VLADIMIR. – Je ne sais pas.

Silence.

ESTRAGON. – Où irons-nous ?
VLADIMIR. – Pas loin.
ESTRAGON. – Si si, allons-nous-en loin d'ici !
VLADIMIR. – On ne peut pas.
ESTRAGON. – Pourquoi ?
VLADIMIR. – Il faut revenir demain.
ESTRAGON. – Pour quoi faire ?
VLADIMIR. – Attendre Godot.
ESTRAGON. – C'est vrai. *(Un temps.)* Il n'est pas venu ?
VLADIMIR. – Non.
ESTRAGON. – Et maintenant il est trop tard.
VLADIMIR. – Oui, c'est la nuit.
ESTRAGON. – Et si on le laissait tomber ? *(Un temps.)* Si on le laissait tomber ?
VLADIMIR. – Il nous punirait. *(Silence. Il regarde l'arbre.)* Seul l'arbre vit.
ESTRAGON *(regardant l'arbre)*. – Qu'est-ce que c'est ?
VLADIMIR. – C'est l'arbre.
ESTRAGON. – Non, mais quel genre ?

VLADIMIR. – Je ne sais pas. Un saule.

ESTRAGON. – Viens voir. *(Il entraîne Vladimir vers l'arbre. Ils s'immobilisent devant. Silence.)* Et si on se pendait ?

VLADIMIR. – Avec quoi ?

ESTRAGON. – Tu n'as pas un bout de corde ?

VLADIMIR. – Non.

ESTRAGON. – Alors on ne peut pas.

VLADIMIR. – Allons-nous-en.

ESTRAGON. – Attends, il y a ma ceinture.

VLADIMIR. – C'est trop court.

ESTRAGON. – Tu tireras sur mes jambes.

VLADIMIR. – Et qui tirera sur les miennes ?

ESTRAGON. – C'est vrai.

VLADIMIR. – Fais voir quand même. *(Estragon dénoue la corde qui maintient son pantalon. Celui-ci, beaucoup trop large, lui tombe autour des chevilles. Ils regardent la corde.)* À la rigueur ça pourrait aller. Mais est-elle solide ?

ESTRAGON. – On va voir. Tiens.

Ils prennent chacun un bout de la corde et tirent. La corde se casse. Ils manquent de tomber.

VLADIMIR. – Elle ne vaut rien.

Silence.

ESTRAGON. – Tu dis qu'il faut revenir demain ?

VLADIMIR. – Oui.

ESTRAGON. – Alors on apportera une bonne corde.

VLADIMIR. – C'est ça.

Silence.

ESTRAGON. – Didi.

VLADIMIR. – Oui.

ESTRAGON. – Je ne peux plus continuer comme ça.

VLADIMIR. – On dit ça.

ESTRAGON. – Si on se quittait ? Ça irait peut-être mieux.

VLADIMIR. – On se pendra demain. *(Un temps.)* À moins que Godot ne vienne.

ESTRAGON. – Et s'il vient ?

VLADIMIR. – Nous serons sauvés.

Vladimir enlève son chapeau – celui de Lucky – regarde dedans, y passe la main, le secoue, le remet.

ESTRAGON. – Alors, on y va ?

VLADIMIR. – Relève ton pantalon.

ESTRAGON. – Comment ?

VLADIMIR. – Relève ton pantalon.

ESTRAGON. – Que j'enlève mon pantalon ?

VLADIMIR. – RE-lève ton pantalon.

ESTRAGON. – C'est vrai.

Il relève son pantalon. Silence.

VLADIMIR. – Alors, on y va ?

ESTRAGON. – Allons-y.

Ils ne bougent pas.

RIDEAU

En attendant Godot, Éditions de Minuit, 1953.

Lire

1. Quels éléments de décor tendent à faire comprendre au spectateur que nous arrivons à la fin ?

2. Qu'est-ce que la « rampe » en termes de théâtre ?

3. Sur quel ton, à votre avis, doit être débité ce dialogue ? Essayez en utilisant diverses intonations : lesquelles sont les plus pertinentes ?

4. Pourquoi Estragon dénoue-t-il la corde qui retenait son pantalon ? Quel est l'effet obtenu par ce jeu de scène ? Pourquoi ?

5. Quelle est, forcément, l'attitude finale d'Estragon ?

6. Que signifie la dernière didascalie* par rapport à la dernière réplique ?

Écrire

7. Pourquoi Estragon propose-t-il de se pendre ? Quel discours sous-entendu sur le suicide est ici tenu ?

8. À partir du texte (et éventuellement en imaginant une étymologie franco-anglaise au mot), expliquez qui est, selon vous, Godot. Quels éléments du texte nous mettent sur la voie ? En particulier, quels mots appartiennent au vocabulaire religieux ?

9. Dans quelle mesure ces clochards sont-ils chacun de nous ? Quels éléments tendent à faire comprendre au spectateur que Beckett parle de la condition humaine ? D'ailleurs, quel regard porte-t-il sur cette humaine condition ?

10. Parmi les adjectifs suivants (absurde ; pessimiste ; incompréhensible ; rigolo ; idiot ; tragique ; humaniste...), lequel vous paraît le plus propre à rendre compte de cette scène ?

Vous justifierez votre avis par des citations précises que vous analyserez.

Vous pouvez aussi sélectionner plusieurs adjectifs, en justifiant de même votre sélection.

Vous pourrez enfin proposer d'autres adjectifs vous-même.

Chercher

11. Voici quelques-uns des titres des autres œuvres de Beckett : *Catastrophes et autres dramaticules* ; *Cendres* ; *Le Dépeupleur* ; *Fin de partie* ; *L'Innommable* ; *Malone meurt* ; *Mal vu mal dit* ; *Soubresauts...*

En lisant ces titres, imaginez la philosophie de la vie qui inspire les œuvres.

Dans un second temps, lisez, au choix, l'une ou l'autre de ces œuvres généralement courtes. Vos déductions se confirment-elles ?

32 Eugène Ionesco (1909-1994)

Rhinocéros, acte III, fin (1958)

D'origine roumaine, Ionesco n'a à peu près écrit qu'en français – ce qui lui a valu son élection à l'Académie française en 1970. Il a connu un succès international avec *La Cantatrice chauve*, sa première pièce montée en 1950 par Nicolas Bataille (et jouée sans discontinuer depuis plus de cinquante ans).

Si les premières pièces de Ionesco sont des « anti-pièces », *Rhinocéros* s'apparente, même par son aspect absurde, à un théâtre engagé : y est décrite la lente dégradation d'une population entière, transformée en troupeau de « rhinocéros » – parabole probable de la montée du fascisme, en Roumanie (d'avant-guerre) comme ailleurs. Bérenger, héros familier de Ionesco (déjà apparu dans *Tueur sans gages* en 1957, repris dans *Le roi se meurt* en 1962), c'est aussi bien l'auteur que chacun de nous – dans la mesure où nous saurions résister à la tentation de devenir « rhinocéros », c'est-à-dire cesser de réfléchir, foncer en aveugle comme les autres, suivre le troupeau, renoncer en fait à ce qui fait l'humanité : la capacité critique.

Nous sommes ici à l'extrême fin de la pièce : tout le monde est devenu rhinocéros, sauf Bérenger.

BÉRENGER, *se regardant toujours dans la glace.*

Ce n'est tout de même pas si vilain que ça un homme. Et pourtant, je ne suis pas parmi les plus beaux ! Crois-moi, Daisy ! *(Il se retourne.)* Daisy ! Daisy ! Où es-tu, Daisy ? Tu ne vas pas faire ça ! *(Il se précipite vers la porte.)* Daisy ! *(Arrivé sur le palier, il se penche sur la balustrade.)* Daisy ! remonte ! reviens, ma petite Daisy ! Tu n'as même pas déjeuné ! Daisy, ne me laisse pas tout seul ! Qu'est-ce que tu m'avais promis ! Daisy ! Daisy ! *(Il renonce à l'appeler, fait un geste désespéré et rentre dans sa chambre.)* Évidemment. On ne s'entendait plus. Un ménage désuni. Ce n'était plus viable. Mais elle n'aurait pas dû me quitter sans s'expliquer. *(Il regarde partout.)* Elle ne m'a pas laissé un mot. Ça ne se fait pas. Je suis tout à fait seul maintenant. *(Il va fermer la porte à clé, soigneusement, mais avec colère.)* On ne m'aura pas, moi. *(Il ferme soigneusement les fenêtres.)* Vous ne m'aurez pas, moi. *(Il s'adresse à toutes les têtes de rhinocéros.)* Je ne vous suivrai pas, je ne vous comprends pas ! Je reste ce que je suis. Je suis un être humain. Un être humain. *(Il va s'asseoir dans le fauteuil.)* La situation est absolument intenable. C'est ma faute, si elle est partie. J'étais tout pour elle. Qu'est-ce qu'elle va devenir ? Encore quelqu'un sur la conscience. J'imagine le pire, le pire est possible. Pauvre enfant abandonnée dans cet univers de monstres ! Personne ne peut m'aider à la retrouver, personne, car il n'y a plus personne. *(Nouveaux barrissements, courses éperdues, nuages de poussière.)* Je ne veux pas les entendre. Je vais mettre du coton dans les oreilles. *(Il se met du coton dans les oreilles et se parle à lui-même dans la glace.)* Il n'y a pas d'autre solution que de les convaincre, les convaincre, de quoi ? Et les mutations sont-elles réversibles ? Hein, sont-elles réversibles ? Ce serait un travail d'Hercule, au-dessus de mes forces. D'abord, pour les convaincre, il faut leur parler. Pour leur parler, il faut que j'apprenne leur langue. Ou qu'ils apprennent la mienne ? Mais quelle langue est-ce que je parle ? Quelle est ma langue ? Est-ce du français, ça ? Ce doit bien être du français ? Mais qu'est-ce que du français ? On peut appeler ça du français, si on veut, personne ne peut le contester, je suis seul à le parler. Qu'est-ce que je dis ? Est-ce que je me comprends, est-ce que je me comprends ? *(Il va vers le milieu de la chambre.)* Et si, comme me l'avait dit Daisy, si c'est eux qui ont raison ? *(Il retourne vers la glace.)* Un homme n'est pas laid, un homme n'est pas laid ! *(Il se regarde en passant la main sur sa figure.)* Quelle drôle de chose ! À quoi je ressemble alors ? À quoi ? *(Il se précipite vers un placard, en sort des photos, qu'il regarde.)* Des photos ! Qui sont-ils tous ces gens-là ? M. Papillon, ou Daisy plutôt ? Et celui-là, est-ce Botard ou Dudard, ou Jean ? ou moi, peut-être ! *(Il se précipite de nouveau vers le placard d'où il sort deux ou trois tableaux.)* Oui, je me reconnais ; c'est moi, c'est moi ! *(Il va raccrocher les tableaux sur le mur du fond, à côté des têtes des rhinocéros.)* C'est moi, c'est moi. *(Lorsqu'il accroche les tableaux, on s'aperçoit que ceux-ci représentent un vieillard, une grosse femme, un autre homme. La laideur de ces portraits contraste avec les têtes des rhinocéros qui sont devenues très belles. Bérenger s'écarte pour contempler les tableaux.)* Je ne suis pas beau, je ne suis pas beau. *(Il décroche les tableaux, les jette par terre avec fureur, il va vers la glace.)* Ce sont eux qui sont beaux. J'ai eu tort ! Oh ! comme je voudrais être comme eux. Je n'ai pas de corne, hélas ! Que c'est laid, un front plat. Il m'en faudrait une ou deux, pour rehausser mes traits tombants. Ça viendra peut-être, et je n'aurai plus honte, je pourrai aller tous les retrouver.

Mais ça ne pousse pas ! *(Il regarde les paumes de ses mains.)* Mes mains sont moites. Deviendront-elles rugueuses ? *(Il enlève son veston, défait sa chemise, contemple sa poitrine dans la glace.)* J'ai la peau flasque. Ah, ce corps trop blanc, et poilu ! Comme je voudrais avoir une peau dure et cette magnifique couleur d'un vert sombre, une nudité décente, sans poils, comme la leur ! *(Il écoute les barrissements.)* Leurs chants ont du charme, un peu âpre, mais un charme certain ! Si je pouvais faire comme eux. *(Il essaye de les imiter.)* Ahh, ahh, brr ! Non, ça n'est pas ça ! Essayons encore, plus fort ! Ahh, ahh, brr ! non, non, ce n'est pas ça, que c'est faible, comme cela manque de vigueur ! Je n'arrive pas à barrir. Je hurle seulement. Ahh, ahh, brr ! Les hurlements ne sont pas des barrissements ! Comme j'ai mauvaise conscience, j'aurais dû les suivre à temps. Trop tard maintenant ! Hélas, je suis un monstre, je suis un monstre. Hélas, jamais je ne deviendrai rhinocéros, jamais, jamais ! Je ne peux plus changer. Je voudrais bien, je voudrais tellement, mais je ne peux pas. Je ne peux plus me voir. J'ai trop honte ! *(Il tourne le dos à la glace.)* Comme je suis laid ! Malheur à celui qui veut conserver son originalité ! *(Il a un brusque sursaut.)* Eh bien tant pis ! Je me défendrai contre tout le monde ! Ma carabine, ma carabine ! *(Il se retourne face au mur du fond où sont fixées les têtes des rhinocéros, tout en criant :)* Contre tout le monde, je me défendrai ! Je suis le dernier homme, je le resterai jusqu'au bout ! Je ne capitule pas !

RIDEAU

Rhinocéros, Éditions Gallimard, 1963.

Lire

1. Qu'est-ce qui serait « un travail d'Hercule » (l. 23-24) ?

2. Relevez dans cette tirade toutes les formes d'expression du refus. Que refuse en fait Bérenger ?

3. Quels jeux de scène manifestent la tentative de Bérenger pour s'isoler définitivement ? Quels jeux de scène marquent son essai pour se socialiser à nouveau ?

4. Cette tirade est entrecoupée de très nombreuses didascalies*. Sont-elles toutes indispensables ? Le jeu de scène pouvait-il se déduire du texte seul ?

Écrire

5. Retrouvez le plan de l'argumentation de Bérenger. Vous montrerez comment il passe successivement du désespoir au refus, du refus à l'autisme, de l'autisme à la tentation du conformisme, et finalement au refus, à nouveau. Quels sont les divers moments de cette évolution psychologique ? Si Ionesco avait voulu les marquer davantage, où serait-il allé à la ligne ?

6. « Comme je voudrais être comme eux » (l. 44-45), s'exclame Bérenger. Comment comprenez-vous ce désir ? Quelle tentation manifeste-t-il ?

7. « Je suis un monstre », constate Bérenger. Qu'entend-il par là ? À quel moment le mot apparaît-il une première fois ? Est-ce dans le même sens ? Que s'est-il passé entre ces deux acceptions ?

8. Sans que le mot soit prononcé, une grande partie du texte tourne autour de la notion de conformisme. Quels sont les moments forts de la réflexion de Bérenger sur ce sujet ?

Dans un second temps, vous vous exprimerez vous-même sur ce sujet : le conformisme est-il une tentation permanente ? peut-il même être une bonne chose ? Donnez des exemples précis. Vous tenterez d'expliquer les liens qu'il entretient avec l'anticonformisme. Ce dernier ne peut-il, à son tour, devenir un conformisme ?

9. En quoi ce texte est-il, à proprement parler, humaniste ?

Chercher

10. Pourquoi des rhinocéros ? Quelles particularités de cet animal ont tenté Ionesco ?

11. Quel genre littéraire met volontiers en scène des animaux ? Qu'en conclure en ce qui concerne la pièce de Ionesco ? À quel type de théâtre appartient-elle ?

33 Harold Pinter (né en 1930)

Le Gardien, acte II (1961)

Pinter est auteur, metteur en scène et parfois acteur de théâtre. Il s'est également occupé de cinéma, adaptant, entre autres, *La Maîtresse du lieutenant français*, roman de John Fowles porté à l'écran par Karel Reisz en 1981.

***Le Gardien* met en scène un vieil homme, Davies, institué gardien d'un local sordide où viennent, à intervalles réguliers, deux hommes – mais jamais en même temps –, Aston et Mick, qui à tour de rôle injurient et cajolent Davies.**

On a pu voir dans la pièce de Pinter, comme dans ses autres productions, une métaphore de la vieillesse, de l'aliénation, de la solitude ou de l'absurdité des relations humaines, dans un monde où l'incommunicabilité fait loi.

Durant la tirade d'Aston, la lumière va baisser peu à peu. À la fin, seul Aston sera nettement visible, mais Davies et la pièce seront plongés dans la pénombre. Cet obscurcissement devra être aussi gradué et discret que possible.

Oh, il y a des années de ça. Et puis j'ai cessé. J'aimais bien cet endroit. J'y passais pas mal de temps. C'était avant que je parte. Juste avant. Je crois que… cet endroit a eu beaucoup à voir avec ça. Les gens étaient tous… bien plus âgés que moi. Mais ils m'écoutaient toujours. Je pensais… qu'ils comprenaient ce que je disais. Parce que j'avais pris l'habitude de leur parler. Je parlais trop. Ç'a été mon erreur. Comme à l'usine. Devant le comptoir, ou pendant la pause, je… j'avais pris l'habitude de parler… de choses. Et ces gens… ils m'écoutaient chaque fois que… j'avais quelque chose à dire. C'était bien. L'ennui, c'est que j'avais des sortes d'hallucinations. Pas des hallucinations, mais… j'avais l'impression que je pouvais voir des choses… très clairement… tout… était si clair… tout devenait… tout devenait très silencieux… tout était silencieux… tout ce… silence… et… cette vision si claire… c'était… mais peut-être que je me trompais. Quoi qu'il en soit, quelqu'un a dû dire quelque chose. Je ne m'en doutais pas. Mais… je ne sais quel mensonge a dû se répandre. Et ce mensonge s'est répandu. Il me semblait que les gens devenaient bizarres tout d'un coup. Dans ce café. À l'usine. Je n'y comprenais rien. Et un jour, on m'a emmené dans un hôpital, juste en dehors de Londres. On… m'y a enfermé. Je ne voulais pas y aller. D'ailleurs… j'ai essayé d'en sortir, plusieurs fois. Mais… ce n'était pas très facile. Là, on m'a posé des questions. On m'a enfermé là et on m'a posé toutes sortes de questions. Alors je leur ai raconté… quand ils me l'ont demandé… à quoi je pensais. Hmmmmm… Et un jour… ce type… un docteur, j'imagine… le patron… c'était un homme très… éminent… mais je n'en étais pas si sûr que ça. Il m'a fait venir. Il m'a dit… il m'a expliqué que j'avais quelque chose. Il m'a dit qu'ils avaient achevé leurs examens. C'est ce qu'il a dit. Et il m'a montré un tas de papiers, en disant que j'avais quelque chose, quelque chose qui n'allait pas. Il a dit… il a seulement dit ça, vous comprenez ? Vous avez… cette chose. C'est ça qui ne va pas. Et nous avons décidé, a-t-il dit, dans votre intérêt… qu'il n'y a qu'une solution. Il a dit… mais je n'arrive pas… à me rappeler exactement… comment il a tourné ça… il a dit, il faut que nous fassions quelque chose… à votre cerveau. Il a dit… si nous ne le faisons pas, vous resterez ici jusqu'à la fin de vos jours, mais si nous faisons ça vous avez une chance. Vous pourrez sortir d'ici, et vivre comme tout le monde. Qu'est-ce que vous voulez me faire au cerveau, lui ai-je demandé. Mais il n'a fait que répéter ce qu'il venait de dire. Je n'étais pas idiot. Je savais que j'étais mineur. Je savais qu'il ne pouvait rien me faire sans autorisation. Je savais qu'il devait obtenir l'autorisation de ma mère. Alors je lui ai écrit, à ma mère, et je lui ai expliqué ce qu'ils voulaient faire. Mais elle a signé leur formulaire, vous comprenez, elle leur a donné l'autorisation. Ça je le sais parce qu'il m'a montré sa signature quand j'ai soulevé la question. Alors, cette nuit-là, j'ai essayé de m'évader… cette nuit-là. J'ai passé cinq heures à scier un des barreaux de la fenêtre de la salle. Pendant toute la nuit. Ils venaient braquer une torche sur chaque lit toutes les demi-heures. Mais j'avais tout minuté exactement. Et j'avais presque fini quand un type a eu un… a eu une crise, juste à côté de moi. Bref, ils m'ont pincé. Environ une semaine plus tard, ils ont commencé à venir pour nous faire cette chose… au cerveau. Ils devaient nous faire ça à tous, à tous ceux qui étaient dans cette salle. Et ils sont venus nous faire ça, l'un après l'autre. Un par nuit. J'étais l'un des derniers. Et je voyais parfaitement ce qu'ils faisaient aux autres. Ils arrivaient avec ces… je ne sais pas ce que c'était… ça ressemblait à de grosses pinces, reliées à des fils, et les fils étaient branchés sur une petite machine. C'était électrique. Ils maintenaient l'homme allongé, et le chef… le docteur en chef… fixait les pinces, un peu comme un casque à écouteurs, il les fixait de chaque côté de la tête du type. Il y avait un homme qui tenait la machine, vous voyez, et il… Il y avait un homme qui tenait la machine, vous voyez, et il la mettait en marche, et le chef appuyait simplement ces pinces de chaque côté du crâne, et il les maintenait en place. Et puis ils les enlevait. On recouvrait le type… et on ne le touchait plus jusqu'à… beaucoup plus tard. Certains essayaient de se défendre, mais la plupart ne faisaient rien. Ils restaient couchés. Bref, ils venaient peu à peu vers moi, et la nuit où ils sont arrivés je me suis levé et je me suis plaqué contre le mur. Ils m'ont dit de me remettre au lit, et je savais qu'ils devaient me forcer à me remettre au lit parce que s'ils me faisaient ça alors que j'étais debout ils risquaient de me briser la colonne vertébrale. Alors je me suis levé, et ils sont venus sur moi à un ou deux… eh bien, j'étais plus jeune à l'époque, j'étais beaucoup plus fort que maintenant, j'étais très fort à l'époque, j'en ai étendu un et je tenais l'autre à la gorge… mais tout à coup le chef m'a posé ces pinces sur le crâne, et je savais qu'il ne devait pas faire ça tant que j'étais debout, c'est pourquoi je… mais il l'a fait quand même… Et j'ai fini par sortir. Je suis sorti de cet endroit… mais je ne marchais pas très bien. Je ne crois pas que ma colonne vertébrale ait été endommagée. Tout allait bien de ce côté-là. L'ennui, c'était que… mes pensées… étaient très ralenties… je ne pouvais pas penser du tout… je ne pouvais pas… rassembler… mes pensées… hhmmmmm… je ne pouvais jamais… les rassembler. L'ennui était que… je ne pouvais pas entendre ce que les gens disaient. Je ne pouvais plus regarder à droite ou à gauche, il fallait que je regarde droit devant moi, parce que si je tournais la tête… je ne pouvais pas… rester debout. Et j'avais ces migraines. Alors je restais dans ma chambre. À cette époque je vivais avec ma mère. Et mon frère. Il était plus jeune que moi. Et j'avais tout rangé, bien en ordre, dans ma chambre, toutes les choses que je savais être à moi… mais je ne suis pas mort. En réalité, je devrais être mort. J'aurais dû mourir. Quoi qu'il en soit, je me sens beaucoup mieux à présent. Mais je ne parle plus aux gens. J'évite les endroits comme… ce café. Je n'y vais plus jamais, maintenant. Je ne parle plus à personne… de cette façon-là. J'ai souvent songé à retourner là-bas, pour retrouver l'homme qui m'avait fait ça. Mais il faut que je fasse quelque chose d'abord. Il faut que je construise cette remise dans le jardin.

RIDEAU

Le Gardien, recueilli dans *La Collection*, suivi de *L'Amant*,
trad. É. Kahane, Éditions Gallimard, 1961.

Lire

1. Quel artifice de mise en scène accompagne la longue tirade d'Aston ? Quelle est, à votre avis, sa fonction ?

2. Comment appelle-t-on la figure de style qui consiste à casser la syntaxe d'une phrase ? Trouvez au moins trois exemples de ce procédé dans cette tirade.

3. Pourquoi ceux qui soignaient Aston devaient-ils obtenir l'accord de sa mère ?

4. Quels mots décrivent la machine ? Nous renseigne-t-on sur son utilité exacte ? Pourquoi ?

5. La dernière phrase est-elle raccordée à ce qui précède ? Quel effet produit-elle ?

Écrire

6. Aston décrit un processus médical énigmatique. Quels éléments nous incitent à penser qu'il s'agit d'une intervention psychiatrique ? Quelles particularités de son récit renforcent cette présomption ?

7. Quels conseils (ton, attitudes, mimiques...) donneriez-vous à l'acteur interprétant Aston ?

8. Que peut bien penser le vieux Davies au fur et à mesure du récit d'Aston ? Écrivez son discours intérieur. Vous pourrez être, au choix ou en même temps, compatissant, ennuyé ou effrayé. Vous pourrez aussi agrémenter ces réactions de références personnelles, voire vous éloigner considérablement du texte d'Aston, comme si les pensées de Davies finissaient par suivre un cours parallèle.

Chercher

9. *Le Gardien* a été représenté en 1961 au théâtre de Lutèce dans une mise en scène de Roger Blin. Quels autres auteurs contemporains essentiels ce metteur en scène a-t-il adaptés ?

10. Dans les années 1950 et 1960, les neuropsychiatres ont usé largement de thérapies électriques sur le cerveau. Comment appelle-t-on ce type de traitement ? Trouvez le titre d'un film de Milos Forman (d'après *La Machine à brouillard*, un roman de Ken Kesey) qui met en scène un tel processus, dans un environnement proche de celui que décrit ici Pinter.

34 Bernard-Marie Koltès (1948-1989)

Combat de nègre et de chiens, IV (1979)

Koltès a beaucoup écrit, au cours d'une vie trop brève, et presque exclusivement pour le théâtre. Dans un pays africain non identifié, mais qui pourrait être le Congo juste avant l'indépendance, un Blanc, Horn, se retrouve confronté à un Noir, Alboury, venu, dit-il, récupérer le corps de son frère.

ALBOURY. – Moi, j'attends qu'on me rende mon frère ; c'est pour cela que je suis là.

HORN. – Enfin, expliquez-moi. Pourquoi tenez-vous tant à le récupérer ? Rappelez-moi le nom de cet homme ?

ALBOURY. – Nouofia, c'était son nom connu ; et il avait un nom secret.

HORN. – Enfin, son corps, que vous importe son corps ? C'est la première fois que je vois cela ; pourtant, je croyais bien connaître les Africains, cette absence de valeur qu'ils donnent à la vie et à la mort. Je veux bien croire que vous soyez particulièrement sensible ; mais enfin, ce n'est pas l'amour, hein, qui vous rend si têtu ? c'est une affaire d'Européen, l'amour ?

ALBOURY. – Non, ce n'est pas l'amour.

HORN. – Je le savais, je le savais. J'ai souvent remarqué cette insensibilité. Notez qu'elle choque beaucoup d'Européens, d'ailleurs ; moi, je ne condamne pas ; notez aussi que les Asiatiques sont pires encore. Mais bon, pourquoi alors êtes-vous si têtu pour une si petite chose, hein ? Je vous ai dit que je dédommagerai.

ALBOURY. – Souvent, les petites gens veulent une petite chose, très simple ; mais cette petite chose, ils la veulent ; rien ne les détournera de leur idée ; et ils se feraient tuer pour elle ; et même quand on les aurait tués, même morts, ils la voudraient encore.

HORN. – Qui était-il, Alboury, et vous, qui êtes-vous ?

ALBOURY. – Il y a très longtemps, je dis à mon frère : je sens que j'ai froid ; il me dit : c'est qu'il y a un petit nuage entre le soleil et toi ; je lui dis : est-ce possible que ce petit nuage me fasse geler alors que tout autour de moi, les gens transpirent et le soleil les brûle ? Mon frère me dit : moi aussi, je gèle ; nous nous sommes donc réchauffés ensemble. Je dis ensuite à mon frère : quand donc disparaîtra ce nuage, que le soleil puisse nous chauffer nous aussi ? Il m'a dit : il ne disparaîtra pas, c'est un petit nuage qui nous suivra partout, toujours entre le soleil et nous. Et je sentais qu'il nous suivait partout, et qu'au milieu des gens riant tout nus dans la chaleur, mon frère et moi nous gelions et nous nous réchauffions ensemble. Alors mon frère et moi, sous ce petit nuage qui nous privait de chaleur, nous nous sommes habitués l'un à l'autre, à force de nous réchauffer. Si le dos me démangeait, j'avais mon frère pour le gratter ; et je grattais le sien lorsqu'il le démangeait ; l'inquiétude me faisait ronger les ongles de ses mains et, dans son sommeil, il suçait le pouce de ma main. Les femmes que l'on eut s'accrochèrent à nous et se mirent à geler à leur tour ; mais on se réchauffait tant on était serrés sous le petit nuage, on s'habituait les uns aux autres et le frisson qui saisissait un homme se répercutait d'un bord à l'autre du groupe. Les mères vinrent nous rejoindre, et les mères des mères et leurs enfants et nos enfants, une innombrable famille dont même les morts n'étaient jamais arrachés, mais gardés serrés au milieu de nous, à cause du froid sous le nuage. Le petit nuage avait monté, monté vers le soleil, privant de chaleur une famille de plus en plus grande, de plus en plus habituée chacun à chacun, une famille innombrable faite de corps morts, vivants et à venir, indispensables chacun à chacun à mesure que nous voyions reculer les limites des terres encore chaudes sous le soleil. C'est pourquoi je viens réclamer le corps de mon frère que l'on nous a arraché, parce que son absence a brisé cette proximité qui nous permet de nous tenir chaud, parce que, même mort, nous avons besoin de sa chaleur pour nous réchauffer, et il a besoin de la nôtre pour lui garder la sienne.

HORN. – Il est difficile de se comprendre, monsieur. *(Ils se regardent.)* Je crois que, quelque effort que l'on fasse, il sera toujours difficile de cohabiter. *(Silence.)*

ALBOURY. – On m'a dit qu'en Amérique les nègres sortent le matin et les Blancs sortent l'après-midi.

HORN. – On vous a dit cela ?

ALBOURY. – Si c'est vrai, monsieur, c'est une très bonne idée.

Combat de nègre et de chiens, Éditions de Minuit, 1989.

Lire

1. Par quelles marques Horn montre-t-il sa politesse envers Alboury ?

2. Trouvez au moins deux expressions des préjugés raciaux de Horn.

3. En quoi le récit d'Alboury est-il plus symbolique que réaliste ? Et que symbolise-t-il ?

4. Quel mot Alboury utilise-t-il pour dire « noir », dans les dernières répliques ? Quel est le sens étymologique de ce terme ? Quelle est sa valeur usuelle ? et dans la bouche d'Alboury ?

Écrire

5. Expliquez le titre de la pièce, en vous éclairant du dialogue ci-dessus, et en extrapolant à partir de là.

6. Pour quelle raison Alboury vient-il réclamer le corps de son frère ? Qu'est-ce que la disparition de ce frère a rompu ? Comment l'auteur expose-t-il la différence radicale des Africains par rapport aux Européens ?

7. « Cette absence de valeur qu'ils [les Africains] donnent à la vie et à la mort » (l. 7-8) : qu'est-ce que Horn entend par là ?

8. Quels éléments, dans ce texte, dressent un portrait radicalement antagoniste des Blancs et des Noirs ? Pourquoi Horn conclut-il : « Il est difficile de se comprendre... Je crois que, quelque effort que l'on fasse, il sera toujours difficile de cohabiter » ?

Chercher

9. Le théâtre de Bernard-Marie Koltès est inséparable des mises en scène de Patrice Chéreau, qui monta la totalité de ses pièces. Qui est ce metteur en scène ? Par quelles réalisations s'est-il fait connaître au cours des années 1970-1990 ?

10. Alboury vient revendiquer un mort. En quoi le culte des morts est-il essentiellement humain ? Que signifie-t-il ? Quelle est sa fonction ? Quelle phrase, dans la longue tirade d'Alboury, exprime l'unicité du corps social humain ?

35 Heiner Müller (1929-1995)

Quartett (1987)

Homme de théâtre et poète est-allemand (avant la réunification des deux Allemagnes en 1989), Müller écrit des pièces toujours proches du chaos et de l'hystérie. *Quartett*, comme son nom ne l'indique pas, est une pièce pour deux acteurs. Müller a repris les deux personnages centraux des *Liaisons dangereuses* (1782) de Choderlos de Laclos, et leur fait jouer les quatre rôles principaux du roman (d'où le titre, cette fois justifié, de la pièce) : le vicomte de Valmont y est alternativement lui-même et Madame de Tourvel ; sa maîtresse, la marquise de Merteuil, joue aussi bien Valmont que Cécile, une toute jeune fille. Les personnalités s'échangent, les frontières entre les sexes s'abolissent.

Pour mieux comprendre la scène ci-dessous, on se rappellera que Cécile sort du couvent et que Merteuil a chargé Valmont de la séduire – ce qu'il fera, dans le roman, en jouant sur la curiosité et la sensualité de cette enfant curieuse, et ici, de manière plus audacieuse.

VALMONT. – Je crois que je pourrais m'habituer à être une femme, Marquise.

MERTEUIL. – Je voudrais le pouvoir.

Un temps.

VALMONT. – Alors quoi. Continuons à jouer.

MERTEUIL. – Jouer, nous ? Quoi, continuons ?

VALMONT. – Vierge vénérée, belle enfant, charmante nièce. Ah la vue de votre innocence me fait oublier mon sexe et me transforme en votre tante[1], qui vous a si chaudement recommandée à moi. Quelle pensée édifiante. Je

1 La marquise de Merteuil

vais m'ennuyer à mort sous sa triste figure. Je connais toutes les taches de son âme. Sans parler du reste. Mais cette fatalité entre mes jambes, priez avec moi qu'elle ne s'insurge contre ma vertu et ne fonde sur vous, et fermez l'abîme de vos yeux avant qu'il nous engloutisse, cette fatalité me ferait presque désirer l'échange. Oui, je voudrais pouvoir l'échanger, mon sexe, ici à l'ombre du danger, et me perdre tout entier à votre beauté. Perdition qui ne peut être contre-balancée que par la destruction du tableau, dans ce vertige voluptueux auquel il invite si violemment. Seule la jouissance peut enlever à l'amour son bandeau et lui faire voir à travers le voile de la peau la nudité de la chair, nourriture indifférente des tombeaux. Dieu doit l'avoir voulu, non. Sinon, pourquoi l'arme du visage. Qui crée veut la destruction. Et l'âme ne peut pas s'échapper avant que la chair ait pourri. Mieux vaut vous en débarrasser tout de suite. Si seulement vous étiez laide. Seule garantie contre le péché de la chair, se libérer à temps des attributs de la beauté. Mais cela ne suffit pas, tout ou rien, il ne peut rien arriver à un squelette, si ce n'est que le vent joue avec ses os par delà le péché. Oublions ce qui se dresse entre nous, avant que cela nous lie le temps d'un spasme, suis-je bon, Marquise, nous sommes tous à nous débattre au bout du cordon ombilical, et permettez-moi de vous prêter ma protection virile, le bras d'un père contre la méchanceté du monde que le calme du couvent vous a laissé ignorer. Je connais, croyez-moi, mon sombre sexe, et quand je pense que n'importe quelle brute, novice épais, valet lubrique, pourrait rompre ce sceau grâce auquel la nature garde le secret de vos entrailles virginales, cela me fend le cœur. Plutôt pécher moi-même que de souffrir cette injustice qui crie vengeance.

MERTEUIL. – Ah elle crie. Que cherche votre main paternelle, Monsieur, sur ces parties de mon corps que la mère supérieure m'a interdit de toucher.

VALMONT. – Quoi, paternelle. Laissez-moi être votre prêtre, car qui est plus paternel que le prêtre qui ouvre à tous les enfants de Dieu la porte du paradis. La clef est en ma main, le poteau indicateur, l'instrument céleste, le glaive flamboyant. Hâtons-nous : avant que la nièce devienne la tante, il faut que la leçon soit apprise. À genoux, pécheresse. Je sais les rêves qui traversent votre sommeil. Repentez-vous, et je transformerai votre châtiment en grâce. Ne craignez pas pour votre innocence. Il y a plusieurs demeures dans la maison de Dieu. Il vous suffit d'ouvrir ces lèvres étonnantes pour qu'aussitôt s'envole la colombe du Seigneur et qu'elle répande le Saint-Esprit. Elle en tremble d'impatience, vous voyez. Qu'est-ce que la vie sans la mort quotidienne. Vous parlez comme un ange. L'école du couvent. Le langage de la mère supérieure. Les dons de Dieu, il ne faut pas que l'homme les vomisse. À celui qui donne, il sera donné. Ce qui tombe, il faut le relever. Le Christ ne serait pas arrivé à Golgotha sans le juste qui l'aida à porter la croix. Votre main, Madame. C'est la résurrection. Innocence, disiez-vous. Ce que vous appelez votre innocence est un blasphème. Il n'aime qu'UNE vierge, le monde n'a besoin que d'un rédempteur. Croyez-vous que ce corps doué vous ait été accordé pour aller seule à l'école, et pour le soustraire aux yeux du monde. IL N'EST PAS BON QUE L'HOMME SOIT SEUL. Si vous voulez savoir où Dieu demeure, fiez-vous aux contractions de vos cuisses, au tremblement de vos genoux. Une petite peau devrait-elle nous empêcher de ne faire qu'un seul corps. BRÈVE EST LA DOULEUR, ÉTERNELLE EST LA JOIE. Qui apporte la lumière ne doit pas craindre les ténèbres : le paradis a trois entrées. Qui exclut la troisième fait offense à l'architecte trinitaire. IL Y A ASSEZ DE PLACE DANS LA MOINDRE CHAUMIÈRE.

MERTEUIL. – Vous êtes plein d'attentions, Monsieur. Je vous suis obligée de m'avoir montré, d'avoir su me montrer de si pénétrante façon où Dieu demeure. Je vais prendre note de toutes ses demeures, je veillerai à ce que le flot des visiteurs soit ininterrompu, et à ce que ses invités s'y sentent bien, aussi longtemps que j'aurai assez de souffle pour les recevoir.

Quartett, trad. J. Jourdheuil,
Éditions de Minuit, 1997.

Lire

1. « Continuons à jouer » (l. 5), dit Valmont : quels sont les sens possibles de « jouer » ?

2. Cécile est encore « vierge » au début du texte. Cette situation varie-t-elle ? Quelles autres expressions jouent sur la même évocation ?

3. Que signifie la périphrase* : « cette fatalité entre mes jambes » (l. 11) ? Pourquoi l'emploi du mot « fatalité » ? Quelles expressions, ultérieurement, signifient la même chose ?

4. Quelle phrase joue sur l'assimilation entre l'amour (Éros) et la mort (Thanatos), dans la première tirade de Valmont ? Comment rebondit-elle en métaphore filée* dans les lignes qui suivent ?
Dans la seconde tirade de Valmont, que signifie à cet égard : « Qu'est-ce que la vie sans la mort quotidienne » (l. 45) ?

5. Que signifie le « suis-je bon, Marquise » (l. 26), inséré dans la première tirade de Valmont ? À quoi assistons-nous en fin de compte ?

Comment appelle-t-on ce type de théâtre et de scène ?

6. Quelle situation empruntée au roman de Laclos rappelle la référence de Merteuil/Cécile à la « mère supérieure » (voir introduction ci-dessus) ?

7. Pourquoi, à votre avis, dans la seconde tirade de Valmont, plusieurs phrases sont-elles imprimées en capitales d'imprimerie ?

8. Que signifie la dernière réplique de Merteuil/Cécile ?

Écrire

9. Dieu et la religion sont la référence filée de l'ensemble de ce texte. Relevez dans un premier temps toutes les allusions religieuses. Quelle est leur fonction ?

Dans un second temps, vous montrerez, en vous appuyant sur des exemples précis, qu'il s'agit là d'un texte éminemment libertin qui se moque férocement de la religion. En particulier, quels termes religieux sont connotés sexuellement ? Qu'est-ce, par exemple, que « la porte du paradis » (l. 37) ? Trouvez plusieurs autres exemples similaires de perversion du sens premier, dans la seconde tirade de Valmont, et expliquez-les.

10. Heiner Müller choisit de ne pas indiquer de ponctuation émotionnelle. Cela n'empêche pas le metteur en scène que vous pourriez être de recréer cette ponctuation : reprenez la tirade de Valmont commençant par « Quoi, paternelle... » (l. 36) et reponctuez-la comme vous aimeriez l'entendre.

En même temps, indiquez entre parenthèses les didascalies* correspondant aux gestes, mimiques et attitudes que vous souhaiteriez voir vos acteurs adopter.

11. Que signifient les deux premières répliques ? Pourquoi un homme (Valmont) s'habituerait-il mieux qu'une femme (Merteuil) à être une femme ? Qu'est-ce que cela implique du rapport d'une femme à son propre sexe ?

Pour mieux répondre à cette question, lisez et analysez la lettre 81 des *Liaisons dangereuses*. Comment Merteuil y règle-t-elle ses comptes avec la fatalité féminine ?

Chercher

12. *Les Liaisons dangereuses* sont un roman par lettres, qui a souvent été adapté au théâtre ou au cinéma. Ouvrez-le au hasard : qu'est-ce qu'une lettre, considérée d'un point de vue théâtral ? Qu'est-ce que signifie, de ce point de vue, l'expression : « répondre à une lettre » ? Que donnerait la transposition la plus simple d'un roman par lettres au théâtre ?

36 Yasmina Reza (née en 1955)

Conversation après un enterrement, 9 (1987)

C'est avec cette pièce que Yasmina Reza est apparue au firmament du théâtre français contemporain. Le père vient de mourir. Sont réunis là ses enfants, Nathan, Édith et Alex, son frère Pierre avec sa femme Julienne et l'ancienne maîtresse d'Alex, Élisa.

Nous sommes à la fin de la pièce. Nathan s'est proposé pour ramener Élisa à la gare. Ils ont disparu et les voici de retour. Elle n'a donc pas pris le train.

Et Nathan raconte ce qui aurait pu être et ce qui s'est passé.

PIERRE. – Alors vous êtes vraiment partis, et vous êtes revenus ? *(À Julienne.)* Quoi ? Je ne pose pas de question !... Ma femme me désapprouve, mais je ne pose aucune question !

NATHAN. – Nous avons quitté cette maison... Oui... Édith ?... Approche-toi... Qu'est-ce que tu fais là-bas ?... Nous avons traversé le jardin, sous la pluie... Nous sommes montés dans la voiture... j'ai mis le contact... j'ai mis les essuie-glaces... les phares... Élisa est restée silencieuse... Elle n'a pas allumé de cigarette, elle n'a pas fait semblant d'être triste non plus... Nous sommes restés sur place, une minute peut-être ?... Durant cette minute, il s'est passé une chose étrange, et soudaine... La gare de Gien que nous croyons à Gien, était là, devant la grille... L'horloge en haut du fronton marquait sept heures, nous avions une heure à perdre... *(Un temps. Il fait quelques pas, s'approche de la fenêtre… Puis se retourne.)* Il y avait toutes sortes de gens sur le parvis, des ombres avec des bagages, des silhouettes de chauffeurs, des taxis, des lumières d'hôtels, des bruits de cars qui freinent dans les flaques… J'ai dit à Élisa : « Rentrons dans un café… » Nous avons pris je ne me souviens plus quoi… Je lui ai raconté un souvenir qui date de trente ans dans cette même gare, elle m'a dit « J'ai horreur des gares »… Nous avons convenu que cette sensation d'être nulle part provenait du soir et de la province… Et pendant que nous parlions, l'horloge tournait, et l'heure s'est écoulée… Nous avons traversé la rue, nous nous sommes précipités au guichet pour acheter le billet… puis le quai, le coup de sifflet, le premier wagon dans lequel elle est montée… Il y a eu un bruit de portes, un bruit de ferraille, et le train est parti… Je l'ai vue disparaître dans la campagne, elle de sa fenêtre a vu la campagne se dissoudre… Et la gare aussi a disparu… J'ai fermé le contact, éteint les lumières, et nous avons fait le chemin en sens inverse, en courant…

Silence.

Conversations après un enterrement, collection Papiers, Actes Sud, 1987.

Lire

1. En quoi la phrase initiale de Pierre est-elle, ou non, une question ?

2. Quel effet de style, souligné par la ponctuation, anime le récit de Nathan ? Comment appelle-t-on le procédé qui consiste à juxtaposer les phrases sans les lier ?

3. Quelles répétitions accentuent encore le parallélisme* des phrases ?

4. En fait, Nathan et Élisa sont-ils allés jusqu'à la gare ? Que s'est-il passé ?

5. Le verbe « disparaître », à la fin du discours de Nathan, apparaît deux fois : est-ce dans le même sens ?

Écrire

6. Sur quel ton Nathan doit-il faire le récit d'un événement qui n'a pas eu lieu ? Justifiez votre réponse, en particulier en tenant compte de la ponctuation.

7. « Nous avions une heure à perdre » (l. 12) : que s'est-il passé pendant cette heure ? Choisissez d'être l'un des personnages énumérés dans l'introduction et expliquez ce qu'il/elle imagine tout au long du récit de Nathan.

8. « J'ai horreur des gares », aurait dit Élisa. Partagez-vous ce sentiment ? Est-ce des gares qu'elle a horreur ou des scènes qui s'y passent ? Racontez un événement qui explique votre point de vue sur ces lieux.

Chercher

9. Quels sont les auteurs contemporains de théâtre aujourd'hui ? Procurez-vous un magazine de spectacles hebdomadaire et ouvrez-le à la rubrique « Théâtre » : quels noms connaissez-vous ? Quelle est la part du théâtre « classique », du théâtre dit « de boulevard », des créations réelles ? Renseignez-vous, si vous ne connaissez pas les noms cités pour savoir qui ils sont.

Dans un second temps, en vous appuyant sur les critiques de théâtre parues dans des quotidiens ou des hebdomadaires, essayez de déterminer quelles sont les tendances de la création théâtrale en ce moment.

ARTIE

3

le théâtre

Annexes

Chronologie des textes cités

	ÉVÉNEMENTS HISTORIQUES ET CULTURELS	TEXTES CITÉS
ANTIQUITÉ	**-462/-429 :** « Siècle de Périclès » à Athènes. **-336/-323 :** Règne d'Alexandre le Grand. **-58/-52 :** Conquête de la Gaule par Jules César. **-44 :** Assassinat de Jules César.	**Vers - 430 :** Sophocle, *Œdipe roi.* **- 413 :** Euripide, *Électre.* **Avant - 65 :** Sénèque, *Phèdre.*
XVIe SIÈCLE	**1572 :** Massacre de la Saint-Barthelémy à Paris. **1558/1603 :** Règne d'Elisabeth Ire d'Angleterre. **1598 :** Édit de Nantes. Fin provisoire des guerres de religion.	**1594 :** Shakespeare, *Roméo et Juliette.*
XVIIe SIÈCLE	**1610 :** Assassinat d'Henri IV. **1635/1659 :** Guerre de Trente ans. **1661/1715 :** Louis XIV roi. **1685 :** Révocation de l'édit de Nantes. Reprise des persécutions contre les Protestants.	**1634 :** Calderón de la Barca, *La vie est un songe.* **1636 :** Corneille, *L'Illusion comique.* **1664 :** Molière, *Tartuffe ou l'Imposteur.* **1669 :** Racine, *Britannicus.* **1671 :** Molière, *Les Fourberies de Scapin.* **1677 :** Racine, *Phèdre.*
XVIIIe SIÈCLE	**1776 :** Indépendance des colonies anglaises d'Amérique du Nord. **1789 :** Prise de la Bastille. Abolition des privilèges.	**1718 :** Voltaire, *Œdipe.* **1725 :** Marivaux, *L'Île des esclaves.* **1784 :** Beaumarchais, *Le Mariage de Figaro.*
XIXe SIÈCLE	**1804 :** Bonaparte empereur. **1812 :** Campagne de Russie. **1815 :** Les Cent-Jours. Retour des Bourbons (Louis XVIII) sur le trône de France. **1830 :** Révolution de Juillet. Monarchie parlementaire (Louis-Philippe).	**1806 et 1832 :** Goethe, *Faust.* **1834 :** Musset, *Lorenzaccio.* **1838 :** Hugo, *Ruy Blas.*

	ÉVÉNEMENTS HISTORIQUES ET CULTURELS	TEXTES CITÉS
XIXe SIÈCLE	**1871** : Commune de Paris. Début de la IIIe République.	**1888** : Jarry, *Ubu Roi*. **1890 et 1901** : Claudel, *Tête d'or*. **1897** : Rostand, *Cyrano de Bergerac*.
XXe SIÈCLE	**1914/1918** : Première Guerre mondiale	**1921** : Pirandello, *Six personnages en quête d'auteur*.
	1933 : Hitler chancelier du Reich.	**1934** : Cocteau, *La Machine infernale*.
	1935 : Lois racistes de Nuremberg.	**1935** : Artaud, *Les Cenci*. **1937** : Giraudoux, *Électre*.
	1939/1945 : Seconde Guerre mondiale.	**1941** : Brecht, *La Résistible Ascension d'Arturo Ui*. **1943** : Sartre, *Les Mouches*. **1944** : Anouilh, *Antigone*.
	1945 : Conférence de Yalta. Mise en place des deux « Blocs ». Création de l'ONU.	**1945** : Camus, *Caligula*. **1947** : Tennessee Williams, *Un tramway nommé Désir*. **1947** : Genet, *Les Bonnes*. **1948** : Sartre, *Les Mains sales*.
	1949/1976 : Mao-Tsé-Toung dirige la République Populaire de Chine (1966 : début de la « Révolution culturelle » chinoise). **1950/1974** : Guerres successives dans le Sud-Est asiatique (Corée, Indochine, Viêt Nam).	**1953** : Beckett, *En attendant Godot*.
	1956/1962 : Guerre d'Algérie.	**1958** : Ionesco, *Rhinocéros*.
	1961 : Construction du « Mur » de Berlin (détruit en 1989). **1973** : Premier « choc pétrolier ». Crise économique mondiale.	**1961** : Pinter, *Le Gardien*.
		1979 : Koltès, *Combat de nègre et de chiens*. **1987** : Müller, *Quartett*. **1987** : Reza, *Conversation après un enterrement*.
	1989 : Effondrement du bloc soviétique.	

Lexique des notions

Antithèse

Rapprochement, dans un même énoncé, de deux termes exprimant des réalités opposées :
« Être ou ne pas être, voilà la question. » (Shakespeare, *Hamlet*).
L'antithèse peut exprimer un écart absolu : « Ver de terre amoureux d'une étoile… » (Hugo, *Ruy Blas*).

Bas

Par opposition à « noble ». Est bas, dans le théâtre classique, tout ce qui est populaire : vocabulaire (ainsi, on ne peut nommer des parties du corps que dans la mesure où elles sont reliées à des opérations intellectuelles : l'œil mais pas le nez, par exemple), sentiments (les sentiments bas sont propres à la comédie), gestes, etc.

Bienséances

L'ensemble des règles qui, dans un spectacle classique, interdisent à l'auteur l'usage de mots ou de sentiments bas* et d'actions révoltantes : ainsi, Horace (Corneille, 1640) sort son épée pour tuer sa sœur Camille, mais le meurtre proprement dit aura lieu en coulisses.

Catastrophe

Punition finale du héros, dans les tragédies. Seule la catastrophe, venant après la mimésis*, est susceptible d'induire la catharsis*.

Catharsis

D'après Aristote, « purgation » des passions. C'est la fonction essentielle que le philosophe grec attribue à la tragédie.

Chœur

Dans les tragédies grecques, groupe d'acteurs ou d'actrices qui par ses propos commente l'action. Le chœur est le reflet du spectateur, auquel il indique en même temps les sentiments qu'il doit éprouver. Il est le premier véhicule de la pitié*.

Cliché, Poncif et Lieu commun

Le cliché est une image usée : blond comme les blés, bleu comme le ciel.

La difficulté est la perception du cliché, révélatrice du niveau culturel. Ainsi, la comparaison femme/rose, qui met l'accent sur la fragilité de la beauté, se trouve déjà dans Ovide, au Ier siècle. Elle est exploitée jusqu'à la corde par les poètes de la Renaissance et leurs émules, de Ronsard (« Comme à cette fleur, la vieillesse / Fera ternir votre beauté ») à Malherbe (« Et rose, elle a vécu ce que vivent les roses / L'espace d'un matin »).

Il faut tout le talent d'Agrippa d'Aubigné, au début du XVIIe siècle, pour réactiver un cliché aussi éculé : « Une rose d'automne est plus qu'une autre exquise. »

Telle métaphore, à telle époque, est nouvelle ; cent ans plus tard, c'est un poncif insupportable. Elle peut néanmoins être réactivée de manière intéressante et nouvelle. Ainsi, l'expression « bleu ciel » n'est même plus perçue comme une métaphore, et comparer des yeux bleus au bleu du ciel peut paraître bien plat. Or, voici comment Louis Aragon réactive cette métaphore archi-usée :

« Les vents chassent en vain les chagrins de l'azur
Tes yeux plus clairs que lui lorsqu'une larme y luit
Tes yeux rendent jaloux le ciel d'après la pluie
Le verre n'est jamais si bleu qu'à sa brisure » (*Les Yeux d'Elsa*, 1942).

Si l'on rajoute que la personnification du « ciel jaloux » remonte au XVe siècle, et a été exploitée jusqu'à l'écœurement par les poètes de la Pléiade et les poètes baroques – et qu'Aragon connaît à fond les uns et les autres –, on voit toute la recherche de performance qu'il y a à réexploiter une figure.

Le mot « cliché » est lui-même une métaphore (désignant une image aussi souvent reproduite qu'une photo). La même image sous-tend le terme de « stéréotype » (littéralement : le même objet). Parler par stéréotypes ou par « idées reçues » est typique du langage politique ou sportif.

Le lieu commun (traduction littérale du mot grec *topos*, utilisé parfois en français dans le même sens) a été autrefois étudié avec attention : il s'agissait pour les étudiants, en particulier au Moyen Âge, de montrer qu'ils possédaient les références communes à une culture donnée. Le lieu commun avait alors valeur de citation, sans guillemets. C'était une idée toute faite, le prêt-à-porter de l'intelligence.

Par extension, le lieu commun s'est confondu avec le poncif. Flaubert décrit ainsi les romans à l'eau de rose dont s'abreuve sa jeune héroïne :

« Ce n'étaient qu'amours, amants, amantes, dames persécutées s'évanouissant dans des pavillons solitaires, postillons qu'on tue à tous les relais, chevaux qu'on crève à toutes les pages, forêts sombres, troubles du cœur, serments, sanglots, larmes et baisers, nacelles au clair de lune, rossignols dans les bosquets, *messieurs* braves comme des lions, doux comme des agneaux, vertueux comme on ne l'est pas, et qui pleurent comme des urnes. » (*Madame Bovary*).

On aura reconnu les contenus de toute une littérature (et, à notre époque, de tout un cinéma) de grande consommation.

On remarquera pour finir que l'on peut jouer, au second degré, du cliché pour produire un effet humoristique. Et au troisième degré, on peut produire des effets remarquables en décalant légèrement un cliché, dont on omettrait de respecter la totalité du code. Voir le film de Woody Allen, *Tombe les filles et tais-toi* (*Play it again, Sam*, 1971) où un personnage falot s'essaie à être un héros du type Humphrey Bogart.

Comparaison

La comparaison rapproche deux objets, soit en leur totalité, soit plus fréquemment à partir d'un détail qui leur est commun. Elle met donc toujours en relation le comparé (l'objet que l'on compare), le comparant (l'objet auquel il est comparé), le terme comparatif (comme, ainsi, tel, etc.) et, souvent, le point de comparaison : Pierre est bête comme un âne.

Comme toutes les figures, la comparaison vieillit vite. Mais elle est, elle aussi, susceptible de réactivation : « La terre est bleue comme une orange » (Paul Éluard, *L'Amour, La poésie*).

On peut même, avec beaucoup de talent, utiliser des comparaisons usées, stéréotypées, en tirant des effets d'une certaine poésie du prosaïque – en particulier lorsqu'on mêle ces poncifs avec des comparaisons plus inattendues :

« Notre amour reste là
Têtu comme une bourrique
Vivant comme le désir
Cruel comme la mémoire
Bête comme les regrets
Tendre comme le souvenir
Froid comme le marbre
Beau comme le jour
Fragile comme un enfant. » (Jacques Prévert, *Paroles*).

Didascalies

Tout ce qui, dans une pièce de théâtre, est écrit par l'auteur sans appartenir au texte proprement dit : indication de jeux de scène en général, les didascalies peuvent aussi être un jugement ou un avertissement sur un personnage. Ainsi dans *Tartuffe*, au milieu d'une tirade particulièrement hypocrite qui use de la religion à des fins peu recommandables, Molière précise soudain : « *C'est un scélérat qui parle.* »

Pour faciliter son repérage, la didascalie est généralement imprimée en italique.

Dithyrambe

Primitivement poème consacré à Dionysos, le dithyrambe, par extension, est tout texte faisant l'apologie sans réserves de quelqu'un.

Épisode

Tout ce qui, dans une pièce de théâtre, n'est pas absolument lié à l'action principale. Aristote condamne fermement la multiplication des épisodes, souvent chargés de « coups de théâtre » propres à relancer l'attention.

Euphémisme

L'euphémisme est une atténuation d'une pensée négative ou discourtoise : « Cet élève fait tout ce qu'il peut ». On le distinguera de la litote, qui est l'atténuation d'une pensée positive. « Parler par euphémismes » consiste à ne livrer le fond de sa pensée que sous une forme polie. À ce titre, il peut se combiner avec l'antiphrase. Ainsi Figaro, après une volée de coups de bâton, lance à son maître :

« Voilà les bontés familières dont vous m'avez toujours honoré. » (Beaumarchais, *Le Barbier de Séville*).

L'euphémisme permet l'expression de pensées audacieuses. Ainsi le poète Benserade (1612-1691) s'adressant à une dame enceinte :

« Je serai dignement d'Amour récompensé
Quand ma peine sera finie
Par où la vôtre a commencé. »

Hubris

Démesure. Ce sentiment est consubstantiel au héros tragique, particulièrement au début de la pièce : c'est parce qu'il se croit heureux (Œdipe), ou plus juste (Électre), que le héros est puni par les dieux – jusqu'à la catastrophe finale.

Métaphore/Métaphore filée

Substitution d'un terme à un autre sur la base d'une comparaison implicite : ni le comparé ni le mot-outil comparant ne sont cités dans la métaphore : « Pierre est un âne ». Stéphane Mallarmé n'écrivait-il pas : « Je raye le mot *comme* du dictionnaire » ?

On a vu plus haut que la métaphore est la figure qui vieillit le plus vite (voir cliché*). C'est également celle qui est susceptible du plus grand nombre de renouvellements.

La métaphore filée poursuit l'image sur plusieurs lignes ou plusieurs vers, en utilisant les ressources d'un même champ sémantique.

Mimésis

Identification du spectateur au(x) personnage(s). La mimésis est indispensable à la catharsis*.

Oxymore

Ou alliance de mots. Rapprochement de deux termes antonymes dans une même unité syntaxique : nuit blanche.

« Cette obscure clarté qui tombe des étoiles… » (Corneille, *Le Cid*).

« Il nous verse un jour noir plus triste que les nuits. » (Baudelaire, « Spleen », *Les Fleurs du Mal*).

« … Le soleil noir de la mélancolie. » (Gérard de Nerval, « El desdichado », *Les Chimères*).

Parallélisme

Composition d'un énoncé en deux parties symétriques au moyen de reprises syntaxiques et rythmiques. Le parallélisme peut exprimer une identité, mais il sert souvent à soutenir une antithèse, surtout en se combinant avec l'asyndète, qui en juxtaposant des énoncés successifs de forme similaire et de sens divergents les oppose terme à terme. Ainsi dans la célèbre opposition que fait

La Bruyère entre Corneille et Racine : « Corneille nous assujettit à ses caractères et à ses idées, Racine se conforme aux nôtres ; celui-là peint les hommes comme ils devraient être, celui-ci les peint tels qu'ils sont. Il y a plus dans le premier de ce que l'on admire, et de ce que l'on doit même imiter ; il y a plus dans le second de ce que l'on reconnaît dans les autres, ou de ce que l'on éprouve dans soi-même. L'un élève, étonne, maîtrise, instruit ; l'autre plaît, remue, touche, pénètre. Ce qu'il y a de plus beau, de plus noble, de plus impérieux dans la raison est manié par le premier ; et par l'autre, ce qu'il y a de plus flatteur et de plus délicat dans la passion… » (La Bruyère, *Les Caractères*).

Péripétie

Épisode, dans une tragédie, qui permet au héros de prendre conscience de ce qu'il est, et de sa faute. Ainsi dans *Œdipe roi* de Sophocle la révélation du Devin qui explique au héros de qui il est réellement le fils, quel fut son crime, et ce qui l'attend. Par essence, la péripétie est assimilée à la reconnaissance.

Périphrase

La périphrase tourne autour du mot sans le nommer. L'aigle est l'oiseau de Jupiter et la terre le plancher des vaches.

Ce faisant, la périphrase fait porter l'attention sur un aspect particulier du mot refoulé (par un principe métonymique). Elle peut aussi agir par censure – maintenue ou finalement levée :

« Un mal qui répand la terreur,
Mal que le Ciel en sa fureur
Inventa pour punir les crimes de la terre,
La peste (puisqu'il faut l'appeler par son nom)… » (La Fontaine, « Les Animaux malades de la peste », *Fables*, VII, 1).

La périphrase sera appelée métalepse lorsqu'elle porte sur un énoncé complet, où l'on s'efforce de faire comprendre quelque chose sans le dire. Ainsi, dans *Phèdre* de Racine, l'héroïne use de métalepse en racontant à Hippolyte (II, 5), qu'elle aime en secret, tout ce qu'elle pourrait faire pour lui, ou aurait pu faire – sans jamais prononcer le mot fatal et interdit (puisqu'elle est sa belle-mère). Ce qui fait à juste titre sursauter le jeune homme innocent : « Dieux ! Qu'est-ce que j'entends ? »

Pitié

Associée à la terreur* par Aristote, la pitié doit être ressentie par le spectateur à la vue des catastrophes qui accablent le héros tragique.

Terreur

Sentiment éprouvé en théorie par le spectateur d'une tragédie, au vu des catastrophes qui frappent le héros auquel il s'est identifié (mimésis*).

Couverture
Conception graphique : Marie-Astrid Bailly-Maître
Illustration : Aurélie Blanz

Intérieur
Conception graphique : Marie-Astrid Bailly-Maître
Réalisation : Nord Compo, Villeneuve-d'Ascq

www.magnard.fr

Imprimé par Aubin Imprimeur (L 63345)
Dépôt légal : Avril 2002 - N° éditeur : 2002 / 210